BABERADT-MÖSINGER

Das Frankfurter Anekdoten-Büchlein

Das Frankfurter Anekdoten Büchlein

Von

Karl-Friedrich Baberadt

Neu bearbeitet und erweitert durch

Robert Mösinger

Mit Zeichnungen von Cefischer

Verlag Waldemar Kramer, Frankfurt am Main

Elfte Auflage 1975
ISBN 3-7829-0062-6

Druck von W. Kramer & Co., Frankfurt am Main

INHALT

Zum Geleit 7

Offebacher Pfefferniß sin e fei Fresse! 11

Ich back' se in reiner Butter 21

Ach, deß Windche is herrlich! 29

Hätt' ich doch die Jungfer Steitz geheirat'! 41

M. D. S. — Muß doch sterwe! 51

Ja, wenn mer solche Parrer hätte 61

... awwer die Leiter is ze korz! 70

Wenn mer's net um die drei Trumpel wär' 75

De Maa wern se uns hoffentlich noch lasse 81

Mein Vorname ist übrigens Otto 91

Siwwe Pund mehr als der Herr Senator 97

Schnell, 's Nachtgescherr, 's treppelt schon 107

Da mit runde mir die Sätz' ab 113

Ich hätt' net geglaabt, daß die Welt so groß wär 121

Namens-Verzeichnis 127

Zum Geleit!

VEREHRTE LESERIN, LIEBER LESER, — bevor Sie dieses Büchlein als freundliche Unterhaltung für ein paar Stunden nach der Arbeit und den Sorgen des Alltags zu lesen beginnen, ein paar Worte der Einführung.

Fürchten Sie keine tiefgründige Abhandlung und keine langatmige Auseinandersetzung über Sinn, Zweck und Bedeutung all der kleinen Anekdoten und Geschichten, die in mehr als dreißigjähriger Arbeit rund um Frankfurt, in „Hibb- un Dribbderbach" gesammelt und aufgeschrieben wurden. Es sind nicht nur Anekdoten im strengen Sinne des Wortes, die uns zeigen, wie berühmte Menschen, die in Frankfurt gelebt haben, mit Geist und Witz ihrer Umgebung begegnet sind. Ich habe geglaubt auch jene Histörchen, Wortspiele und Erlebnisse in bunter Folge aufnehmen zu sollen, die das Herz und Gemüt des „Frankfurters" schlechthin offenbaren. Denn deutlicher mitunter als in langen Schilderungen spiegelt sich in jenen kleinen, humorvollen Erlebnissen und Histörchen das pulsierende Leben der alten Stadt am Main mit dem Menschlich-Allzumenschlichen, aber auch mit den Schrullen und Launen, die so manchem ihrer Bürger eigen sind.

„Das Frankfurter Anekdoten-Büchlein", vor einem Jahrzehnt erstmals von dem inzwischen verstorbenen Schriftleiter des Stadtblattes der „Frankfurter Zeitung", Dr. KARL-FRIEDRICH BABERADT, herausgegeben, der seine letzte Ruhestätte fern der Heimat in Gehringswalde in Sachsen fand, hat sich in den vier Auflagen, die es bisher erlebte, in vielen Frankfurter Familien und auch weit über Frankfurt hinaus einen Kreis treuer Freunde erworben, die es nicht mehr missen mögen.

Und wenn ich nun dem „Frankfurter Anekdoten-Büchlein" mit freundlichem Gedenken an den verehrten Kollegen, der ihm zum ersten Male den Weg ins Leben bereitet hat, meine helfende Hand zur fünften Fahrt leihen durfte, so glaube ich dazu um so mehr berechtigt zu sein, als ich Dr. KARL-FRIEDRICH BABERADT schon bei der Planung und ersten Gestaltung des Büchleins als Mitarbeiter zur Seite stand.

Über den Ursprung der Anekdote ist schon viel geschrieben worden. In vielen Fällen weiß man nicht woher und von wannen sie kommt. Eines Tages ist sie da und geht von Mund zu Mund. Wen darf es deshalb wundern, daß vielleicht diese oder jene Geschichte in ähnlicher Gestalt auch in einer anderen deutschen Landschaft erzählt wird, ebenso wie vielleicht der Volksmund eine Anekdote verschiedenen Menschen zuschreibt. Was schadet das? Wichtig bleibt vor allem, daß jede Anekdote dem Wesen und Charakter dessen entspricht, den sie spiegeln soll. Mitunter ist es auch nicht leicht, vielleicht sogar unmöglich, die „Echtheit" einer Anekdote nachzuweisen, denn die Überprüfung auf letzte Wahrheit macht gar oft Schwierigkeiten.

Wo hat nun Dr. KARL-FRIEDRICH BABERADT die Frankfurter Anekdoten gefunden und woher stammen die vielen, in das Büchlein neu aufgenommenen Geschichtchen, die ich beisteuern konnte?

Vor allem waren die alten Frankfurter Zeitungen, die Tagebücher und Familien-Chroniken aus den letzten hundert bis hundertfünfzig Jahren eine zwar nicht immer reich fließende, aber in Einzelheiten dankbare Quelle. Zahlreiche der kleinen Geschichten wurden mir, wie schon früher Dr. BABERADT, von alten und jungen Frankfurtern, von Ärzten, Juristen, Künstlern, Schauspielern, Pfarrern, Kaufleuten und vor allem von unseren alten Handwerksmeistern erzählt. Von diesen freundlichen Helfern sei einigen besonderer Dank abgestattet, so dem verstorbenen Kollegen WILHELM FLUHRER, ein Mann, der ein erstaunliches Gedächtnis sein eigen nannte, dem Altstadtvater Dr. FRIED LÜBBECKE, CARL MORGENSTERN, ÄNNE RUMPF,

Fritz Buhl, Eduard Schreiber-Stoltze, Erich Pfeiffer-Belli, dem verstorbenen Lustspieldichter und Intendanten Toni Impekoven, Arnold Beirich, Karl Schraudebach und anderen. Viele Anekdoten verdanke ich auch meinem verstorbenen Vater August Mösinger, der als Redakteur und gebürtiger Frankfurter über eine besonders intime Kenntnis der Stadt und ihrer Menschen verfügte. Gar manche der kleinen Geschichten haben mir auch die Kollegen von der Feder berichtet und schließlich habe ich in den mehr als dreißig Berufsjahren in Frankfurt, die nun schon hinter mir liegen, auch viele selbst erlebt, für deren Echtheit und Wahrheit ich mich verbürgen kann.

Leider gibt es noch kein Frankfurter Wörterbuch, das ein für allemal und zweifelsfrei die Mundart festlegt, die wie die Sprache selbst etwas Lebendiges und deshalb im Laufe der Zeit Wandelbares ist. Es gibt keine „klassische“ Frankfurter Schreibweise. Carl Malß hat anders geschrieben als die beiden Stoltze und Dialektdichter der neueren Zeit weichen in ihrer Schreibweise ebenfalls sehr stark voneinander ab. Ich habe versucht, dem Klang der Frankfurter Mundart möglichst nahezukommen, mit hoffentlich einigermaßen erträglichem Erfolg, denn ein Altegässer hat einen anderen Tonfall und auch mitunter einen anderen Wortschatz als ein Sachsenhäuser, und der „Bernemer“ läßt sich in seinem Idiom für den mit Frankfurter „Gebabbel“ Vertrauten klar unterscheiden von dem Mann aus Bockenheim und Oberrad.

So werden auch die „Eigeplackte“ und „Hergeloffene“ das Büchlein mit nicht weniger Genuß lesen, als die ganz waschechten „Maahinkel“. Immerhin die „Eigeplackte“, wie man die Frauen nennt, die einen Frankfurter oder Männer, die eine Frankfurterin geheiratet haben, tun sich da leichter. Sie können das aus Frankfurt gebürtige Ehegespons jeder Zeit um Rat fragen. Schwieriger wird es für die „Hergeloffene“, also die nicht aus Frankfurt Gebürtigen oder mit einem Frankfurter oder einer Frankfurterin verheirateten „Fremden", die nach FRIEDRICH STOLTZE ja immer „von außerhalb" sind. Wenn sie auf mundartliche Äußerungen stoßen, deren tieferer Sinn ihnen verborgen bleibt, so wird sich wohl immer ein guter Freund aus Frankfurt finden, der ihnen die Sache „verklickert".

Zum erstenmal sind dieser fünften Auflage des Büchleins auch Zeichnungen beigegeben, die mancher Anekdote erst die rechte Farbe verleihen. Meister CEFISCHER hat sie geschaffen, jener hervorragende Zeichner und Graphiker, der im Krieg bei einem Bombenangriff auf Fulda beide Arme verlor und der nun mit köstlichen Einfällen und mit bewundernswerter Schaffenskraft die entzückenden Bildchen mit dem Munde gezeichnet hat.

Und nun hat der Herausgeber nur noch den einen Wunsch, daß das „Frankfurter Anekdoten-Büchlein" seiner hoffentlich recht großen Lesergemeinde nicht weniger Freude und Vergnügen bereitet als ihm selbst, der sich im Laufe der Jahre und Jahrzehnte immer wieder mit schmunzelndem Behagen seiner Sammel-, Sichtungs- und Schreibarbeit in der bunten Welt der Anekdote gewidmet hat. Vielleicht ersteht dann auch vor dem geistigen Auge des Lesers jenes Bild der alten, schönen, behäbigen und doch so stolzen Stadt Frankfurt, die, obwohl im letzten Krieg hart mitgenommen, in ihrer Tradition und in der vielfältigen Eigenart ihres Wesens in jedem Menschen lebt und webt, der ihr, gleich dem Herausgeber, von ganzem Herzen verbunden ist.

Frankfurt am Main, am 22. Februar 1949

ROBERT MÖSINGER

Offebacher Pfeffernìß sin e fei Fresse!

Der Frankfurter Maler LEOPOLD BODE (1831 bis 1906) war damit beauftragt worden, die Fresken im Kölner Dom zu malen. Bode war sehr schwerhörig und konnte, wenn er im Dom hoch oben auf seinem Malergerüst stand, nicht verstehen, was man ihm von unten zurief. Einmal besuchte auch König Wilhelm I. von Preußen den Kölner Dom und beobachtete eine Zeitlang Bode beim Malen. Dann rief er ihm zu: „Die Fresken werden offenbar schön, Herr Bode!" — Kam von oben herab die verblüffende Antwort: „Jawohl, Majestät, Offebacher Pfeffernìß sin e fei Fresse!"

Bei einem Festessen der Frankfurter Künstlergesellschaft wollte Professor F. MAX HESSEMER, der von 1829 bis zu seinem Tode im Jahre 1860 Lehrer der Baukunst am Städel war, einen Trinkspruch ausbringen. Er hatte sich schon erhoben und ans Glas geklopft, als bereits die Kellner mit dem neuen Gang erschienen. Der Direktor am Städel, Heinrich von Rustige, zupfte daher Hessemer am Rockärmel und sagte: „Mein lieber Professemer, des Rede lessemer, erst esse mer, dann Hessemer!" Der Redner ließ sich aber nicht verblüffen, sondern erwiderte mit folgendem Trinkspruch: „Es lebe der listige lustige rüstige Rustige!" Von daher kommt das geflügelte Wort, das man heute noch in alten Frankfurter Familien manchmal hört, wenn einer vor lauter Reden nicht zum Essen kommt: „Herr Hessemer, jetzt esse mer!"

Der Maler HASSELHORST hielt an der Städelschule, wo er Professor war, Zeichenstunden nach dem lebenden Modell ab. Einmal war ein Räuberhauptmann zu zeichnen, und Hasselhorst hatte als sehr geeignetes Modell einen alten Landstreicher von verwegenem Aussehen aufgetrieben. Wie er nun von einem Schüler zum anderen ging, um zu korrigieren, rief er im Eifer: „Ei, was mache Se dann da! Gucke Se sich den Kerl doch genauer aa: die dick' Kardoffelnas' unn den gemeine Zug um den Mund!" Das Modell, das diese Worte hörte, stand sofort auf und sagte ruhig, fast mit Würde: „Ei, ich glaab alleweil, der

Herr Professor mächt Späß!" Der in die Wirklichkeit zurückgerufene Künstler zückte seine Zigarrentasche, und eine reichliche Spende stellte Frieden und Freundschaft wieder her.

Zum alten HASSELHORST kam eines Tages ein kleiner Bub aus der Nachbarschaft mit dem Wunsch, ein Bild zu kaufen, „em Vatter zum Gebortsdag". „No, wieviel Geld hest de denn?", fragte Hasselhorst. „Drei Mark", antwortete der Kleine. „So, drei Mark, dess geht, also such' der emal ebbes aus!" Nach langem Wählen entschied sich der Bub für eine kleine Landschaftsstudie. Er ließ sich das Bild in Papier einwickeln und reichte dem Maler den blanken Taler, um sich gleich zu verabschieden. „Halt emal“, hielt Hasselhorst den kleinen Käufer zurück, „net so schnell, so e klaa Bildche kost' nor zwaa Mark, du kriehst noch e Mark eraus, kaaf der e paar Knolle defor!“ Hasselhorst hat später selbst erzählt, daß ihm selten ein Geschäft soviel Freude gemacht habe wie dieser „Bilderkauf“.

Hasselhorst war einem guten Glas Wein keineswegs abgeneigt. Er sagte einmal zu seinen Freunden in fröhlicher Runde: „Meine Herrn, so e Fläschche Wein iss ebbes wunnerbares, dess wisse nor die meiste Mensche net. For mich iss es stets e Vergrößerungsglas im Vergnige unn e Verklaanerungsglas im Kummer ...!“

Manchmal trank Hasselhorst eins über den Durst. Als ihm seine Freunde nun einmal Vorwürfe darüber machten, daß sich das doch für einen Lehrer nicht schicke, antwortete er ihnen in seiner gemütlichen Frankfurter Art: „Wißt er, es is immer noch besser, wenn en Maler emol voll iss, als wenn en Voller malt ...!“

Das Haus Wolfsgangstraße 150 in Frankfurt, wo Hans Thoma von 1886 bis 1899 wohnte, lag lange Jahre unbekannt, denn die Straße war damals noch eine „Sackgasse“. Still arbeitete der Künstler an seinen Bildern, die dann Stück für Stück in einer Kammer neben dem Atelier gestapelt wurden, weil kein Mensch sie kaufen wollte. Aber Thoma ließ sich durch nichts und durch niemanden irre machen. Im ersten Stock malte seine Frau Cella ihre Blumenbilder und gab Damen Malunterricht, zeitweise war das die einzige Einnahmequelle. Wenn so in dem stillen Hause, wo damals immer noch die alte Großmutter mit der Schwester „Agathle“ am Fenster saß, beide Gatten an ihrer Arbeit waren, dann ertönte es wohl einmal von oben durch das Treppenhaus: „Tschella, hascht noch e bissle Ultramarin?“ „Nei, Hans“, war die Antwort, „ich mal auch schon den ganze Morge mit Waschblau.“

Hans Thoma hatte einmal ein Paradiesbild ausgestellt. Zwei Gutsbesitzer betrachteten es sehr eingehend und sagten dann dem Aufseher der Galerie: „Sagen Sie doch ihrem Thoma, so sähen keine Hirsche aus, wir wüßten das, denn wir seien Jäger.“ Thoma erfuhr davon, aber obwohl er sonst gegen Tadel sehr empfindlich war, erwiderte er diesmal nur trocken: „Ha no, was wisset jetzt die, wie die Hirsch im Paradies aussehe.“

Der Direktor der Kunstgewerbeschule, Luthmer (1842 bis 1921), wohnte in der Wolfsgangstraße Hans Thoma gegenüber. Nach der Feier des sechzigsten Geburtstages des Meisters (2. Oktober 1899) im Ratskeller gingen die beiden Herren zusammen nach Hause. Wortlos trottete der kleine Thoma, die Hände auf dem Rücken, neben dem langen Luthmer her. Kurz vor dem Abschied blieb er stehen, schaute zu Luthmer auf und sprach: „Wisse Se, Luthmer, dess is halt doch schee, so e bissle berihmt ze werde.“

Luthmer stand, wie seine Tochter erzählt, eines Tages mit Thoma vor einem Bilde der Meerweibchen. Er bewunderte die Tiefe und Schönheit der Farbe, kritisierte dann aber an den Frauen herum und konnte sich schließlich die Frage nicht verkneifen, warum der Maler für diese Sirenen sich nicht etwas anmutigere Modelle ausgesucht habe. Worauf Thoma mit großem Ernst antwortete: „Des waret halt so wüschte Geschtecker.“

ANTON BURGER, wohl der bekannteste Vertreter der Kronberger Malerkolonie, stand mit seiner Staffelei am Hang der Kronberger Burg und malte. Ein kleiner Bub, der mit seiner Mutter vorüberging, betrachtete aufmerksam, wie der Maler Farbentupfen an Farbentupfen setzte. Plötzlich drehte sich die Mutter, die vorausgegangen war, um und rief: „Kimmste her, Karlche, odder willst de vielleicht aach so en Dagdieb wern . . .!“

FRIEDRICH ERNST MORGENSTERN (1853 bis 1919), der fünfte Maler in der Geschlechterfolge der Frankfurter Morgenstern, eine überall wegen ihres gutherzigen Humors beliebte Persönlichkeit, wurde einmal von einem ihm gut bekannten Kaufmann gefragt: „Und Ihr Sohn wird doch gewiß der sechste Maler Morgenstern?“ — „Um Himmelswille — Sie meinen wohl, im halwe Dutzend billiger!“

Einst stand FRIEDRICH ERNST MORGENSTERN vor seiner Staffelei am Nordseestrand und prüfte nach Malerweise im Vor- und Zurückgehen seine Arbeit. Im Augenblick hatte sich eine Schar Neugieriger um ihn herum versammelt, die ihn bei der Arbeit störte. Ein Bewunderer des Bildes meinte: „Je weiter man zurückgeht, umso schöner wirkt das Bild." Darauf erwiderte Morgenstern: „Ei, wenn Sie erst nach England rüber fahren, wirkt es von dort noch viel schöner!" Dieser Herr kaufte später das Bild.

Der impressionistische Maler WILHELM TRÜBNER (1851 bis 1917) war fast ein Jahrzehnt lang Lehrer am Städelchen Kunstinstitut in Frankfurt. Während dieser Zeit wurde er einmal von einer adligen Gutsbesitzerin in der Umgebung Frankfurts um seinen Besuch gebeten, weil sie gern von ihm ein großes Wandbild gemalt haben wollte. Trübner fuhr hin und machte eine Menge Studien, die sich schließlich zu einem bestimmten Vorschlag verdichteten. Die Dame lobte die Entwürfe sehr und erkundigte sich nach den Kosten der Ausführung. Trübner meinte, unter sechstausend Mark werde das kaum zu machen sein.

„Aber dafür kann man sich ja schon einen Viererzug kaufen!" rief die Baronin erschrocken aus.

„Tja, gnädige Frau", antwortete der Maler, „dann isch's wohl besser, wenn Se sich en Viererzug kaufe."

TRÜBNER war nicht allein ein großer Maler, sondern auch ein recht tüchtiger Geschäftsmann, und nebenbei ein Sammler von guten Bildern und Antiquitäten. Als seine eigenen Arbeiten in Mode kamen und hoch bezahlt wurden, kam er auf den schlauen Gedanken, seine früheren Bilder, die im Handel waren, aufzukaufen. Da hörte er eines Tages, als er bereits Professor in Karlsruhe war, daß ein kleiner Kunsthändler in der Frankfurter Altstadt ein frühes Bild von ihm habe. Er fuhr sofort nach Frankfurt um dieses Bild zu kaufen. Trübner betrat den Laden, interessierte sich aber zunächst scheinbar für ganz andere Sachen, nahm dies und jenes in die Hand, legte es wieder weg und betrachtete schließlich das von ihm mit vollem Namen signierte Bild nach allen Seiten. Er verzog das Gesicht, wiegte bedenklich den Kopf hin und her und meinte endlich, um den Preis zu drücken: „Ach, das ist aber ein recht schlechter Trübner!"

Da seufzte der Händler: „Awwer, liewer Herr Professer, warum hawwe Se's dann net besser gemalt?"

Wilhelm Altheim (1871 bis 1914), der treffliche Maler, haßte nichts mehr als das Feilschen um Kunstwerke. Bei dem Verkauf eines Bildes versuchte ein Käufer ihm so viel vom Preis abzuhandeln, daß Altheim in höchste Wut geriet. Als er mit dem Kaufpreis in der Tasche nach Hause ging, kam ihm ein Bierkutscher entgegen, den er gut kannte. Der Künstler ließ ihn halten und reichte ihm dann ein Fünfmarkstück auf den Bock hinauf. Auf die Frage, warum er das getan habe, antwortete er: „Ei, des war'n die fünf Mark, die se mir beinah aach noch abgeschwätzt hätte.“

Altheim hatte sich schon in jungen Jahren verheiratet. Als er zum zweitenmal Vater geworden war, meinte er stolz: „Es is doch werklich schee, wenn mer sei eigene Kinner hat.“

Einmal, um die Weihnachtszeit, ging Altheim, wie er es liebte, durch die Altstadt. Vor einem Bäckerladen sah er eine arme, alte Frau stehen, die verlangend nach den Broten und Kuchen guckte. Scheu sah Altheim sich um und drückte ihr verstohlen einen Taler in die Hand. Die Beschenkte stand erst wie erstarrt, dann eilte sie dem Spender, der sich rasch aus dem Staube machen wollte, nach, haschte seine Hand und dankte ihm überschwenglich. Altheim war furchtbar verlegen. Er gab der Frau noch einen Taler und sagte stotternd: „Da, Mutterche, hast de noch 'n Daler, awwer flenn net, ich hab' ja nur *mir* en freehliche Awend mache wolle.“

Neben dem tragisch geendeten Wilhelm Altheim war der früh verstorbene Fritz Boehle (1873 bis 1916) eine der eigenartigsten Malererscheinungen. Seine oft groben, treffend gespitzten Bemerkungen hatten immer etwas allgemein Gültiges. So etwa ein Wort, in dem er seine Abneigung gegen die Frauen verteidigte: „Unn wenn ich die Best' bekäm, ich müßt' ja doch druff gefaßt sein, daß se an em scheene Dag falsch von der Trambahn abhippe dät.“

Boehle hatte sein Atelier anfangs im Deutschen Haus, dem alten Ordenspalast der Deutschen Ritter in Sachsenhausen in einem Riesen-Saal. Freunde, die ihn besuchten,

wunderten sich, daß er bei größter Kälte ohne Heizung arbeiten könne. Der Maler, der wie immer seine kurze Pfeife rauchte und von dickem Tabaksqualm eingehüllt war, blickte die Fragenden groß an und versetzte dann brummelnd: „Ei, ich hab ja den Ofe den ganze Dag im Maul!"

Auf Damen, die malten, war Boehle ganz besonders schlecht zu sprechen. Einmal war er auf eine Kollegin so böse, daß er zornig in die Worte ausbrach: „Mal-Weiwer! des war'n mal Weiwer!"

Einst bekam Boehle den ehrenvollen Auftrag, eine der bekanntesten Persönlichkeiten der Stadt zu malen. Nach langem Hin und Her ging der Künstler an die Arbeit und schuf ein lebensgetreues Bild seines Auftraggebers. Kurz zuvor war diesem als Ehrengabe eine prunkvolle Kette geschenkt worden, und wunschgemäß brachte der Maler auch dieses Ehrenzeichen auf dem Bilde an. Das wohlgelungene Bildnis fand den vollen Beifall. Der Auftraggeber übersandte dem Künstler, mit dem er kein bestimmtes Honorar ausgemacht hatte, eine nicht unbeträchtliche Summe. Aber Boehle schickte das Geld zurück und bemerkte dazu: „Die Kett' wär' dadermit bezahlt, awwer die Pote un der Bauch, die koste wohl nix?"

Eines Tages kam ein Freund BOEHLE's zu dem Maler und bat ihn, ein Bild, das er gemalt, aber nicht bezeichnet hatte, noch nachträglich mit seinem Namen zu versehen, weil er in Geldverlegenheit sei und es gern verkaufen wolle. Mit dem Namen Boehles aber sei es bedeutend wertvoller. Boehle entgegnete brummig: „Naa, dess du ich net!" Als alles Bitten und Betteln nicht half, ging der Freund. Er war schon an der Türe, da rief Boehle ihm nach: „Unn was de jetzt denkst, dess du ich erst recht net!"

Der Frankfurter Maler SCHRÄGLE war mit einem anderen Maler befreundet, der sich hauptsächlich mit Porträts beschäftigte, aber fast immer über Mangel an Aufträgen klagte. Eines Tages kam er aber freudestrahlend an den gemeinsamen Stammtisch in der „Krawallschachtel" und berichtete, er habe von einem bekannten Frankfurter Bürger einen Auftrag bekommen. „Siehste Alwin", knotterte Schrägle und schob dabei das Klöbchen von einem Mundwinkel in den anderen, „die Mensche sinn garnet so schlecht, wie du se malst . . .!"

RUDOLF GUDDEN (1863 bis 1935) hatte sein Atelier im Hause Lichtenstein am Römerberg, wo er auch Besucher empfing. Einmal wurde ihm eine junge Dame gemeldet, die von ihm unterrichtet sein wollte, aber zögernd gestand, daß sie schon etwas gemalt habe.

„Was malen Sie denn, liebes Fräulein?" fragte sie Gudden.

„Ich male, was ich sehe", sagte das junge Mädchen stolz.

„Net iwwel!", frankfurterte Gudden. „Aber passen Sie mal auf, meine Liebe, wie Sie erschrecke, wenn Sie erst sehe, was Sie male!"

Ich back' se in reiner Butter . . .

Die Freitagskonzerte der Frankfurter Museumsgesellschaft waren früher fast mehr gesellschaftliche als musikalische Angelegenheiten, obwohl sie gerade unter Gustav Kogel einen so großen Aufschwung genommen hatten, daß sie zu den besten Orchesterkonzerten in Deutschland gehörten. Aber für die Frankfurter „Gesellschaft" waren nicht so sehr die Konzertprogramme als die Tatsache wichtig, „dabei sein zu müssen". Wer freitags nicht im Saalbau zu sehen war, der galt nicht so ganz „voll". Die Frau eines Frankfurter Bankiers, die seit langen Jahren einen Logenstammplatz hatte, liebte es, sich mit ihrer Nachbarin zu unterhalten, wenn das Orchester recht laut spielte. Das tat sie auch einmal, als dem Fortissimo ganz plötzlich ein Pianissimo folgte. Da vernahm aus der Loge der ergriffen lauschende Saal die so denkwürdigen Worte: „Ich back' se in reiner Butter . . ."

Als der Geigenkünstler Paganini (1782 bis 1840) wieder einmal in Frankfurt ein Konzert gab, wandte er sich an einen bekannten Bankherren mit der Bitte, seine Finanzen in Ordnung zu bringen und die Konzert-Einnahmen gut anzulegen. Obwohl der Bankier allen seinen Bekannten erklärte, Paganini spiele in keinem Privathause, lud ein reicher Kaufmann den Künstler dennoch zu einer Abendgesellschaft ein. Er fuhr selber ins Hotel, um Paganini abzuholen. Kaum aber saß der Künstler im Wagen, da fragte ihn auch schon sein Gastgeber, wo er denn seine Geige gelassen habe. „Ah, einen Augenblick", rief Paganini, „bitte lassen Sie halten, ich werde nachsehen." Er stieg aus, ließ dem Kaufmann eine Geige bringen und ihm sagen: „Da meine Geige eingeladen ist, werde ich zu Hause bleiben."

Der berühmte Abt VOGLER, Lehrer Karl Maria von Webers, erregte mit seinen Orgel-Konzerten in der Dreikönigskirche beträchtliches Aufsehen. Die Sachsenhäuser lehnten jedoch diese Art Kirchenmusik ab, und verschlossen ihre Kirche mit der Begründung, für Geld ließen sie auf ihrer Orgel keine Komödie spielen.

Eines Sonntags nach beendigtem Gottesdienst kommt MOZART auf das Orgelchor zu St. Katharinen und bittet sich bei dem alten Organisten aus, etwas auf der Orgel spielen zu dürfen. Er setzte sich auf die Bank und folgt dem kühnen Fluge seiner Gedanken, als ihn plötzlich

der alte Organist von der Orgelbank stößt und zu einem Schüler sagt: „Merke dir diese letzte Modulation, welche Herr Mozart gemacht, das will ein berühmter Mann sein und macht so grobe Verstöße gegen den reinen Satz!“

Im Hause der KLARA SCHUMANN in der Myliusstraße in Frankfurt zerpflückte einmal ein Geiger ein Musikstück ganz erbärmlich. JOHANNES BRAHMS, der damals, wie oft schon, dort zu Gast war, wurde nach seiner Meinung über den Spielenden gefragt, wollte jedoch nicht recht mit der

Sprache heraus. Schließlich, als er immer mehr gedrängt wurde, sagte er: „Der junge Mann spielt wie unsere teure Klara Schumann." — Der Frager war sehr verblüfft über diese Antwort, wollte aber nicht unhöflich gegen den Meister sein und erwiderte daher nur zögernd: „Aber Frau Schumann kann doch gar nicht Geige spielen ... " — Und Brahms: „Der Mann da doch auch nicht!"

Als RICHARD WAGNER nach seinem unfreiwilligen Aufenthalt in Paris 1860 nach Deutschland zurückgekehrt war, nahm er zunächst einen Kuraufenthalt in Bad Soden. Durch den Badearzt Dr. Thilenius hatte der Dirigent der Kurkapelle, Ferdinand Pöpperl, von der Anwesenheit des genialen Komponisten erfahren. Pöpperl widmete dem Meister ein Ständchen, wofür Wagner mit herzlichem Worten dankte.

Als nach einem Morgenkonzert die Instrumente aus dem Quellenhof in das Kurhaus gebracht wurden, begegnete Wagner den Leuten, die die Geräte trugen. Er griff in die Saiten des Kontrabasses. Da kam er bei dem das Instrument tragenden Jungen hübsch an, er meinte ziemlich unwirsch: „Losse Se deß, davon verstehe Se doch nix!"

HANS VON BÜLOW, von Richard Wagner scherzweise „Hans von Schwankenreich" genannt, hatte auf der halbdunklen Treppe im „Frankfurter Hof" einen Zusammenstoß mit einem Herrn, der ihn wütend anrempelte: „Esel!" Daraufhin zog Bülow höflich den Hut und sagte: „von Bülow."

Als BÜLOW auf einem Flügel im „Museum" spielen mußte, der nicht gerade der beste war, sagte er: „Es ist manchmal leichter, gute Miene zum bösen Spiel zu machen, als gutes Spiel zum bösen Flügel."

Bei einer Orchesterprobe im Frankfurter Museumskonzert, in der BÜLOW dirigierte, sagte er mit einer höflichen Verbeugung zu der Solistin: „Ach, gnädige Frau, würden Sie die Güte haben, uns einmal *Ihr* A anzugeben?"

Der Kapellmeister der Frankfurter Oper DESSOFF (1835 bis 1892) liebte es nicht, wenn während des Essens Musik gemacht wurde. Als man zu Ehren seines fünfzigsten Geburtstages ihm ein Bankett gab, war auch eine Kapelle für die Tischmusik verpflichtet worden. Nach dem ersten Stück wandte sich Dessoff an den Dirigenten: „Sagen Sie, Herr Kollege, würden Sie etwas spielen, wenn ich Sie darum bäte?" — „Aber natürlich, Herr Dessoff, gern." — „Nun, dann bitte ich Sie: spielen Sie Domino!"

GUSTAV KOGEL, der von 1891 bis 1903 Dirigent der Museumskonzerte war, konnte mitunter von herzerfrischender Deutlichkeit sein. Eines Tages kam eine mehr durch ihren Reichtum als durch ihr gesangliches Talent ausgezeichnete Tochter eines reichen Frankfurter Kaufmanns zu ihm, um sich für die Ausbildung im Gesang prüfen zu lassen. Kogel hörte sich mit wachsender Ungeduld eine Arie an und sagte dann: „Madam, wenn Sie in der Höhe das hätten, was Ihnen in der Tiefe fehlt, käme vielleicht eine ganz gute Mittellage heraus!"

Bei der Einweihung des Saalbaues in der Junghofstraße war alles zugegen, was in Frankfurt Rang und Namen hatte. Auch ein Frankfurter Kaufmann, von seiner Frau in das Konzert „kommandiert", schlief dort, müde von der Tagesarbeit, bald selig ein. Als aber plötzlich in der gerade gespielten Symphonie drei Paukenschläge ertönten, schreckte er auf: „Emilie steh' uff, der Milchmann kloppt . . . !"

Im Frankfurter Opernhaus wurde d'Alberts „Golem" gegeben. Der Bariton ROBERT VOM SCHEIDT, den ganz Frankfurt unter dem Namen „Bobby" kennt, sang die Hauptrolle. Das war wenige Tage vor Neujahr. An Silvester nun brachten Fuhrleute in die Wohnung Bobbys eine riesige Kiste, die allerlei Vermutungen auf einen kostbaren Inhalt zuließ. Auf telefonischen Anruf eilte vom Scheidt nach Hause, um die wertvolle Kiste auszupacken. Und er packte aus! Papier und immer wieder Papier kam zum Vorschein, Papier, Kartons, Schachteln, Kistchen, bis schließlich die kleine Figur eines gipsernen Golem sich aus allem herausschälte. Darauf stand zu

lesen: „Herzliche Glückwünsche zum Neuen Jahr! Ihr ergebenster Eugen d'Albert." Nun wußte Bobby Bescheid! Er errichtete in stiller Nacht auf dem kleinen Platz zwischen Bockenheimer und Kalbächer Gasse, der im Volksmund „Säuplätzi" genannt wurde und wo früher der Merkur-Brunnen stand, mit Hilfe der Kiste ein Postament und stellte die Golemfigur darauf: So hatte Frankfurt das erste Golem-Denkmal. Aber die lieben Kollegen, die die Kiste an Robert vom Scheidt geschickt hatten, beseitigten das Denkmal noch in der gleichen Nacht, denn sie befürchteten, der Komponist des „Golem" werde ihnen den Mißbrauch seines Namens übelnehmen.

Wenn früher Richard Strauss in Frankfurt war, verkehrte er viel bei einer bekannten Familie, die im Gärtnerweg, unweit der Oper, wohnte. Hier traf er oft mit anderen Künstlern zusammen, und dann wurde wacker Skat gedroschen. Einmal, am Vorabend des Tages, an dem er hier seinen „Rosenkavalier" dirigieren sollte, wartete Strauß im Gärtnerweg vergeblich auf den dritten Mann zum Skat. Er fragte die Hausfrau, was man in der Oper diesen Abend gäbe, und als er hörte, es werde „Parsifal" aufgeführt, telefonierte er sofort an das Opernhaus und ließ sich mit einem der Gralsritter verbinden, von dem er wußte, daß er ein guter Skatspieler war. Im zweiten Akt des „Parsifal" sind die Gralsritter nicht beschäftigt, der Ritter erschien also bald darauf in voller Rüstung im Gärtnerweg, und der Skat konnte beginnen.

Ein andermal wurde Richard Strauss während einer Skatpartie von einem Mitspieler gebeten, einem bekannten Redakteur eine Unterredung zu gewähren, die allerhöchstens zehn Minuten dauern sollte. Strauß war einverstanden, und bald darauf meldete sich der Zeitungsmann telefonisch und bat, ihm doch gleich eine Zeit zu nennen, wann er zu Strauß kommen könne. Der Komponist hatte gerade einen Grand mit Vieren auf der Hand, als das Hausmädchen ihm von dem Telefonanruf Mitteilung machte. „Nichts da", rief Strauß unwillig, „sagen

Sie dem Herrn bitte, ich hätte jetzt Wichtigeres zu tun. Interviews kann ich immer geben, aber einen Grand mit Vieren lasse ich mir nicht aus der Hand nehmen."

Zur Zeit, als JENSEN Intendant des Frankfurter Opernhauses war, fehlte einmal auf einer Probe ohne Entschuldigung eine Sängerin. Plötzlich stürzte der Theaterdiener aufgeregt in das Büro des Direktors und rief: „Herr Intendant, Fräulein S. läßt sich entschuldigen, sie könnt' leider net singe." Worauf Jensen aufseufzte: „Gott sei Dank, daß sie das endlich merkt."

Probe zu Webers „Freischütz". Der Kapellmeister klopft ab und sagt zu einem Flötisten: „Awwer Herr Schneider, Sie blase ja D, Des steht doch in der Note." Wieder intoniert das Orchester und wieder erklingt D statt Des. „Herr Schneider, es ist ja immer noch falsch, gewwe Se doch e bissi acht", schimpft der Mann mit dem Taktstock. Da stößt der Flötist seinen Nachbarn, der mit ihm aus dem gleichen Blatt spielt in die Seite und deutet auf die Noten: „Is des des Des, des Des sei soll?"

Die Wolfsschluchtszene in Karl Maria von Webers „Freischütz" war im alten Frankfurter Theater immer eine schauerliche Angelegenheit. Alle Sorgfalt verwendete man auf das wilde Heer, das brausend durch die Lüfte zog. Bei den Hirschen, Rehen und Säuen, die da über die Bühne geisterten, wurde an knatterndem Feuerwerk nicht gespart. Die ganze Begleitmannschaft des wilden Jägers spuckte Feuer. Eines Tages nun brachte irgend ein Spaßvogel unter dem Bühnenpersonal das Feuerwerk nicht im Maul, sondern in der Kehrseite der Tiere zum Abbrennen. Das wilde Heer zog vorüber, und das Publikum brach selbstverständlich in wieherndes Gelächter aus, das sich zu einem Orkan der Heiterkeit steigerte, als von der Galerie ein Besucher in gutem Frankfurter Dialekt herunterrief: „Hannes“ — so hieß ein stadtbekannter Inspizient des Theaters — „wenn die Schinke gut dorchgeräuchert sin, dann schickst de emal die Säu hier owwe vorbei . . . !“

Die Tänzerin NIDDY IMPEKOVEN war zierlich klein. Eines Abends wollte sie in ein Kino gehen und verlangte an der Kasse eine Platzkarte. Da schallte ihr entgegen: „Kindern ist der Eintritt verboten!“ Worauf die junge Tänzerin entrüstet entgegnete: „Erlauben Sie, ich bin schon seit vier Jahren verheiratet!“ Der Kassierer fauchte sie wütend an: „Du klaa Krott, du willst mich wohl uffs Ärmche nemme?“

Ach, deß Windche is herrlich!

FRAU AJA, die Mutter Goethes, liebte das Theater außerordentlich. Bei ihrem Erscheinen im Zuschauerraum erregte sie stets das Interesse der Besucher in hohem Maße. An einem heißen Sommerabend spielte man ein Stück ihres Sohnes: „Die Geschwister". Das Haus war wegen der Hitze fast leer. In einer Loge saß allein die Frau Rat. In Besorgnis, die Schauspieler möchten wegen der wenigen Zuschauer schlecht spielen, rief sie ganz laut zur Bühne hin: „Herr Werdy, spiele Se ja gut, ich bin da."

Frau Aja belohnte jede gut gelungene Szene mit eifrigem Händeklatschen. Als es im Theater ein wenig zog, rief sie ungeniert und ganz laut: „Ach, deß Windche is herrlich!" Im Verlauf des Abends knüpfte sie dann noch mehrmals Gespräche mit den Schauspielern auf offener Szene an, ohne daß die wenigen Zuschauer daran Anstoß genommen hätten. Man liebte eben in Frankfurt die Mutter des großen Dichters und sah ihr ihre Eigenheiten gern nach.

Der große Schauspieler LUDWIG DEVRIENT (1764 bis 1832), der auch in Frankfurt öfter gastierte, schätzte sehr den Wein und war einem kräftigen Schnaps ebenfalls durchaus nicht abhold. Manchmal tat er sogar zuviel des Guten. Als ihn nun ein Frankfurter Freund, der es gut mit ihm meinte, bat, doch nicht so viel zu trinken, vielmehr den Durst mit Milch zu löschen, sagte Devrient empört mit dem ihm eigenen Pathos: „Aber lieber Freund, acht Flaschen Milch am Tag . . . !"

Vom ersten Darsteller des Frankfurter „Bürgerkapitäns" FRIEDRICH SAMUEL HASSEL (1798 bis 1876), einem der beliebtesten Komiker, die je am Frankfurter Theater auftraten, machte schon zu seinen Lebzeiten ein „Grabvers" die Runde, den er sich selbst oft schmunzelnd anhörte:

Zieht ab hier eure Mütze,
Ein Komiker, ein Schütze,
Liegt hier im feuchten Loch.
Die Witze, die er sagte,
Die Hasen, die er jagte,
Sie leben alle noch!

Der Komiker war auch im Leben witzig und sehr schlagfertig. Einmal wurde er gefragt, ob ein bekannter Tenor schon nach England abgereist sei, wie er beabsichtigt habe. Hassel antwortete: „Er ist noch hier, aber seine Stimme ist schon hinüber."

Friedrich Hassel kam an einem schönen Neujahrsmorgen ins Theater und wurde von dem Pförtner mit einem höflichen „Prost Neujahr, Herr Hassel!" begrüßt. „Prost Neujahr!" antwortete Hassel freundlich und ging weiter. Auf einmal jedoch blieb er stehen, wandte sich zurück und fragte den alten Mann, was er ihm am vorigen Neujahr geschenkt habe. Der Pförtner, der sich freuen mochte, ein „Neujahr" zu bekommen, erwiderte rasch: „Ei, nix, Herr Hassel!" Worauf sich der Schauspieler endgültig zum Gehen wandte und großartig sagte: „Ei, no, da wolle mers aach heut' widder so halte."

Anfangs Februar 1876 starb Hassel im Alter von 78 Jahren. Ein junger Franzose, der in einem der großen Frankfurter Seidenhäuser volontierte, kam nach längerem Aufenthalt in der Heimat nach Frankfurt zurück und erkundigte sich nach dem Befinden Hassels, von dem er wußte, daß er etwas kränklich war. „Was makt sich Monsieur Hassel?" fragte er die Kollegen. „Ach, der iss gestorwe“, sagten diese und bedauerten den Heimgang des großen Darstellers. „O das ist ewik schade“, meinte darauf der Franzose, „der lustik Mann tot. Unser Errgott im Immel wird sein Spaß mit ihm abben . . . !“

Im Hause des alten STROHECKER, eines sehr bekannten und beliebten Altfrankfurter Schauspielers, wohnte ein junger Mann, der, mehr laut als schön, stundenlang auf der Flöte übte. Besonders das Lied „Nach Sevilla“ hatte es ihm angetan. Als nun einmal Strohecker den jungen Mann auf der Treppe traf, klopfte er ihm freundschaftlich auf die Schulter und sagte: „Sie junger Mann, wenn Se werklich nach Sevilla abreise, bin ich bereit, ihne die Fahrt bis Darmstadt zu bezahle . . . !“

In der ersten Hälfte des vorigen Jahrhunderts wirkte am alten Frankfurter Schauspielhaus ein Schauspieler Sch., der einen guten Tropfen über alles liebte und oft tiefer ins Glas sah, als es wohl gut war. Einmal wurde Schillers „Tell“ gegeben, in dem Sch. den Geßler zu spielen hatte. Bis kurz vor der Vorstellung zechte er mit ein paar Freunden in den „Drei Hasen“, die dem Theater gegenüber lagen. Dort wurde er von dem Theaterdiener geholt. Sch. wäre am liebsten gar nicht gegangen, aber das wagte er nicht. Ehe er ging, versprach er seinen Zechfreunden, spätestens um dreiviertel neun wieder zurück zu sein. Da nun Geßler erst am Ende des vierten Aufzuges erschossen wird, erklärte die Tafelrunde dies einfach für unmöglich. Sofort wettete der Künstler um einen Korb Champagner, daß er das scheinbar Unmögliche doch möglich machen werde. Die Wette wurde gehalten. Sch. eilte zum Theater hinüber und machte sich für seine Rolle zurecht. Als nun im dritten Aufzug die Apfelschuß-Szene kam und Tell auf die Frage des Vogts, wozu er den zweiten Pfeil zu sich gesteckt habe, zu antworten hat: „Mit diesem zweiten Pfeil durchschoß ich — Euch, wenn ich mein liebes Kind getroffen hätte . . .", da strich sich, zum allgemeinen Erstaunen des vollbesetzten Hauses, Geßler-Sch. behaglich den Bart und sprach:

So, so, mein lieber Tell! Nun wohl, ich könnte
Euch jetzt nach Küßnacht bringen lassen,
Dorthin, wo weder Mond noch Sterne scheinen;
Doch will ichs nicht! — Die Schweiz ist frei!
Ich gehe aus dem Land und bitt' euch nur:
Seid einig, einig, einig!"

Die sonst so ruhigen Frankfurter rasten — teils vor Entrüstung, teils vor Vergnügen. Der Vorhang mußte fallen, denn an eine Fortsetzung des Spieles war nicht zu denken. Sch. schminkte sich ab und lief in die „Drei Hasen" zurück. Die Wette hatte er zwar gewonnen, aber Frankfurt mußte er verlassen.

Der große Schauspieler FRIEDRICH HAASE war von 1856 bis 1858 Mitglied des alten Frankfurter Schauspielhauses. Einmal hatte er eine Magenverstimmung, die ihn zwar nicht am Auftreten hinderte, aber doch so lästig war, daß der Theaterarzt in Haase drang, einen Heiltrank, den er ihm verordnet hatte, einzunehmen. Aber alle Überredungskunst des Arztes scheiterte an Haases Eigensinn: er sträubte sich beharrlich, das „Zeug" zu trinken. Eines Abends trat er in einem Stück auf, in dem er im letzten Akt Gift aus einem Becher trinken sollte. Der Giftbecher war auch richtig zur Hand, fast bis zum Rand gefüllt, und Haase schickte sich an, die große Szene vorzuführen. Als er aber den Kelch an die Lippen setzte, mußte er zu seinem Schrecken und Schaudern bemerken, daß statt des erhofften Portweins, mit dem er sich das „Sterben“ sonst versüßte, ein sorgsam zubereiteter kräftiger Tee aus Sennesblättern, eben die Medizin, die ihm der Arzt verordnet hatte, darinnen war. Nun gab es aber kein Zurück mehr. Haase mußte in heldischer Gelassenheit die Medizin hinunterschlucken. Sein Mienenspiel war dabei von solch erschütterndem Realismus, daß Haase am Schluß der Vor-

stellung unter tosendem Beifall immer wieder gerufen wurde. Friedrich Haase tobte zwar zuerst, er hat aber dann seinem Arzt das „Gift“, zumal es heilte, großzügig verziehen.

Sophie Bulla hieß eine junge Schauspielerin, die in den ersten Jahren des 19. Jahrhunderts die Frankfurter Theaterfreunde durch ihre Schönheit fesselte. Mit Geistesgaben hatte sie der liebe Gott allerdings weniger gesegnet. Ihre Mutter, gleichfalls Schauspielerin, ging dann mit ihrer Tochter nach Wien.

Die Bullas waren bald nach der Übersiedlung Zeugen einer Schauspielerinnen-Ehrung in der Burg. Eine betagte, sehr beliebte Darstellerin, verabschiedete sich auf vielfachen Wunsch vom Publikum in einer Rolle, die ihr vor Jahren, da sie noch junges Mädchen gewesen, Lorbeer über Lorbeer eingebracht hatte. Die Wiener kargten auch bei dieser letzten Aufführung nicht mit ihrem Beifall, für den die alte Dame gerührt dankte und endlich mit resignierter Gebärde ausrief: „Jung gewesen!“ Auf Fräulein Bulla hatte dies offenbar großen Eindruck gemacht. Als sie bald darauf in ihrem Abschiedsabend in Schillers „Jungfrau von Orleans“ auf den weltbedeutenden Brettern stand und für den stürmischen Beifall danken durfte, sagte sie, als sich der Lärm ein wenig gelegt hatte, laut und mit Schiller'schem Pathos zu den Wienern: „Jungfrau gewesen!“

Der Schauspieler ANTON ROLL, ein Mitglied des Frankfurter Schauspielhauses, ließ gern die Zeche, die er in der „Pilsener Bierhalle“ machte, anschreiben. Eines Tages erklärte ihm der Kellner: „Herr Roll, en scheene Gruß vom Herr Metzger, dem Wirt, un er läßt Ihne sage, ich derft Ihne nix mehr uffschreiwe.“ Mit ruhigem Lächeln erwiderte der Mime: „Nun, mein lieber Sohn, wenn du es im Kopf behalten kannst, umso besser.“

Schon im Mittelalter bestand in Frankfurt die Einrichtung der Schuldhaft, d. h. Leute, die es versäumten, ihren finanziellen Verpflichtungen nachzukommen, wurden in besonderen Gefängnissen, später in der Mehlwaage am Garküchenplatz festgesetzt. Auch der Schauspieler und spätere Regisseur ROLL, der Freund des verstorbenen Dichters Adolf Stoltze, mußte mehr als einmal dort Quartier beziehen. Nun wäre aber durch die Haft Rolls der ganze Spielplan im Stadttheater ins Wanken geraten.

Deshalb gestattete der Rat der Stadt wohl das Auftreten Rolls, er wurde aber von der Polizei durch die Stadt zum Theater eskortiert und mußte nach der Vorstellung sofort den Marsch ins Loch wieder antreten. Das gab Tag für Tag Anlaß zu den fröhlichsten Szenen. „Bin ich net en Ferscht", sagte Roll, „ich hab' immer mei eige Leibwach' dabei!" — Eines Tages, als Roll in dem Lustspiel „Der Gesandtschaftsattaché" auftreten sollte, hatte man ihm sogar die Kleider gepfändet, was Roll aber durchaus nicht am Auftreten hinderte, denn er lieh sich einfach den Havelock des Kellners in der dem Theater gegenüberliegenden Wirtschaft „Zu den drei Hasen".

Als einmal ein Gläubiger Rolls den Künstler fragte, ob er denn immer weiter pumpen wolle, meinte Roll: „Des grad net, awwer ich bin doch noch kaa dreißig Jahr am Theater. Zehn Jahr braucht en Kinstler, um ze pumpe, zehn Jahr, um seine Schulde abzebezahle unn zehn Jahr, um sich e bissi was for's Alter zu sparn . . . !"

Auf einer Probe zu „Wilhelm Tell" im neuen Schauspielhaus bemerkte der neue Regisseur in der Apfelschußszene, daß eine bejahrte Chordame ganz im Vordergrund der Bühne stand. Er bat sie höflich, doch etwas zurückzutreten; da erhielt er die schnippische Antwort: „Herr Reschissör, hier steh ich schon vierzig Jahr, Sie bringe mich net von hier eweg!"

Im Schauspielhaus war ein Gastspiel ADALBERT MATKOWSKIS als Hamlet angekündigt. Während der Hauptprobe erkrankte die Darstellerin der Ophelia, und als Ersatz sprang eine junge Anfängerin ein, die ihre Sache auf der Probe recht gut machte. Der Abend kam heran. Die junge Schauspielerin hatte furchtbares Lampenfieber, und als Matkowski-Hamlet die Frage an Ophelia richtete: „Darf ich in eurem Schoße ruhen, mein Fräulein?", da sagte die Anfängerin statt „Ihr seid sehr aufgeräumt, mein Prinz" die Worte: „Es ist noch nicht aufgeräumt, mein Prinz."

Zwei gute alte Frankfurterinnen, die seit vielen Jahren einen Stammplatz im Schauspielhaus hatten, unterhielten sich über den Spielplan. Die eine von ihnen berichtete, daß in der kommenden Woche auch Goethes „Iphigenie" gegeben werde. Worauf die andere wegwerfend erwiderte: „Ach, die Iphischéni, die iwwerhippel ich."

Man gab im alten Schauspielhaus Schillers „Don Carlos". Marquis Posa liegt zu den Füßen der Königin Elisabeth und spricht die bekannten Worte: „O Königin, das Leben ist doch schön!" Da klingts in die Stille von der „Offebächer Log'" laut und entrüstet: „Awwer aach verdammt deuer . . .!"

Im alten Schauspielhaus war man mitunter sehr sparsam und schenkte sich zum Beispiel im „Tell" meist das Pferd für den Landvogt. FRIESSHARDT hatte deshalb, in Abänderung des Schiller'schen Textes in der hohlen Gasse zu sagen: „Mein gnäd'ger Herr, der Landvogt, kommt dicht hinter mir geschritten (und nicht geritten, wie Schiller schrieb). Immer wieder, trotz aller Verwarnungen, donnerte der Schauspieler, der sich nicht an die Änderung gewöhnen konnte, sein „geritten“ ins Publikum, und regelmäßig gab es unfreiwillige Heiterkeit, wenn dann der Landvogt auf Schusters Rappen erschien. Schließlich aber wurde es dem Regisseur doch zu dumm, und er setzte für jedes Versprechen Frießhardts an der verhängnisvollen Stelle eine Strafe von drei Mark an. Als bei der nächsten Tell-Aufführung die Szene kam, schrie Frießhardt wieder mit Donnerstimme: „Mein gnäd'ger Herr, der Landvogt, kommt dicht hinter mir geritten!“ in den Zuschauerraum. „Jetzt kost's drei Mark!“ flüsterte es sehr deutlich aus der Kulisse. Doch das störte Frießhardt nicht im mindesten. Er drehte sich langsam um, hielt die Hand vor die Augen und brüllte auf gut Frankfurterisch: „Naa, ewe steiht er ab!“

OTTO FRICKE, seinerzeit jugendlicher Held am Schauspielhaus, spielte einmal, wie er selbst erzählte, in einer Don-Carlos-Aufführung den Prinzen. Im letzten Akt wird der König von Spanien abgetragen, die Granden folgen, und der Herzog von Alba hat ihnen nachzurufen: „Bringt ihn zu Bette, unterdessen geb ich Madrid den Frieden." In jener Aufführung nun spielte den Alba ein Gast von einem benachbarten Stadttheater. Wahrscheinlich um die Wucht seines Heldenorgans zu zeigen, ging der Schauspieler bis an die Rampe und schrie den Satz hinauf zur Galerie. Kaum hatte er ausgebrüllt, als vom hohen Olymp herab die Antwort kam: „Ja, du — du werschts em gewwe!"

Vor Jahren trug sich im Frankfurter Schauspielhaus folgendes hübsches Geschichtchen zu: Man gab ein langweiliges Lustspiel. In der Pause ging der Frankfurter Theaterkritiker Ludwig Marcuse auf Rudolf Geck, den bekannten Kritiker und Plauderer der „Frankfurter Zeitung" zu, wobei er gähnte. Darauf Geck: „Dasselbe wollte ich Ihnen, lieber Freund, auch gerade sagen . . . !"

Als Heinrich George vor mehr als einem Jahrzehnt in Frankfurt Gastspiele gab, saß er eines Nachts in seiner Stammkneipe und genehmigte sich einen einsamen aber ausgiebigen Trunk. Da gab es vor dem Haus einen höllischen Krach. Einer fragte: „Was gibt es denn?" — „Ach, draußen tobt ein Betrunkener!" antwortete der Wirt. — „Wieso denn?" griff George ein, indem er sich aufrichtete, „ich bin doch nicht draußen, ich bin hier!"

Carl Mathern und Toni Impekoven wollten ein neues Lustspiel schreiben. Impekoven kam zu Mathern und wurde mit den Worten begrüßt: „Hast Du schon eine Idee?" — „Nein — Du?" — „Nein, ich auch nicht", sagte Mathern. „Na, dann können wir ja anfangen", meinte Impekoven zuversichtlich.

Geheimrat Zeiss hatte eine Drehbühne im Frankfurter Schauspielhaus einbauen lassen. Als sie schon längst in Tätigkeit war, sagte er einmal zum Theatermeister: „Das nächste Stück hat zwölf Umbauten." — „Ja", erwiderte der Theatermeister ein wenig ärgerlich, „früher war deß e Klaanigkeit, awwer jetzt . . . ?"

Eine junge Schauspielerin meldete sich bei GEHEIMRAT ZEISS, um vorzusprechen. Zeiß erkundigte sich nach ihrem Namen. Die Dame antwortete: „Ich heiße Leonore Charlotte Friederike Gürtler." — „Sehr schön", sagte der Geheimrat, „aber wie ist Ihr Rufname?" — „Schatzi!" kam es zurück.

Fiffi, lange Jahre Souffleuse im Frankfurter Schauspielhaus, war ein Original, voller Launen und Tücken, aber tüchtig. Zu ihrer Zeit war sie die beste Einsagerin der deutschen Bühnen. HEINRICH GEORGE und TONI IMPEKOVEN traten einmal beide zum ersten Mal in der sonst feststehenden Vorstellung des „Weißen Rössl" auf und hatten nur zwei sogenannte Verständigungsproben gehabt. Der Text der ersten zwei Akte war einigermaßen gegangen und die Künstler zitterten beide für den nächsten. George aber meinte zuversichtlich: „Auf die Fiffi können wir uns verlassen." Doch plötzlich, im letzten Akt in der großen Szene zwischen Giesecke und Dr. Siedler, hörten beide nichts mehr aus dem Souffleurkasten. Entsetzt schauten sie dorthin, da sahen sie einen Zettel hängen, worauf stand: „Komme gleich wieder!"

Einige Frankfurter Schauspieler gastierten einmal im Gießener Stadttheater mit dem ersten Teil von Björnsons „Über die Kraft". Der Vorhang hob sich. Klara, die Frau des wundertätigen Pastors, lag nach der Anweisung des Dichters im Bett, und die übrigen Darsteller begannen zu spielen. Doch im Zuschauerraum war eine merkwürdige Unruhe. Man raunte und wisperte, hier und da wurde auch halblaut gelacht. Die Schauspieler, die nicht wußten, warum das Publikum so unruhig war, wurden nervös und waren froh, als endlich der Vorhang fiel. Da löste sich auch das Rätsel. Die Darstellerin der Klara — es war THESSA KLINKHAMMER — lag in einem Bett, das ein benachbartes Militärlazarett dem Theater hilfsbereit zur Verfügung gestellt hatte. Am Kopfende prangte deutlich die Aufschrift: „Musketier Friedrich Bauer, 4. Komp."

Es war vor dem ersten Weltkrieg. In dem Frankfurter Vorort Heddernheim, den der Volksmund „Klaa Paris" nennt, spielte eine Schmiere „Ali Baba und die vierzig Räuber". Aber der gute Direktor verfügte bei weitem nicht über das notwendige Personal, um vierzig Mann auf die Bühne zu stellen. Doch half er sich und ließ vier schauerlich kostümierte Gestalten, unter denen sich die Frau des Direktors höchstpersönlich befand, immer wieder über die Bühne marschieren. Als sie so neunmal erschienen waren, rief ein aufmerksamer Heddernheimer hinten aus dem Saal: „Achtung, Achtung — letzte Runde!"

Eines Tages kam an das Frankfurter Schauspielhaus ein neuer jugendlicher Liebhaber, der begeistert von seiner Abschiedsvorstellung in einer anderen Stadt berichtete. Blumenkörbe und Kränze habe es in Massen gegeben und die Zuschauer hätten immer wieder gebrüllt: *„Hierbleiben, hierbleiben . . . !"* Der alte DIEGELMANN hörte zufällig die Prahlereien des Jungen, und er sagte in seiner bissig trokkenen Art: „An diesem Abend sind offenbar viel Frankfurter bei dir im Theater gewesen . . ."

FRITZ ODEMAR († 1926) kam an einen Zeitungsstand. Da bemerkte er plötzlich, daß er kein Geld bei sich hatte. „Ei", sagte die Frau, „da bezahle Sie halt morje." — „Und wenn ich morgen schon tot bin?" fragte Odemar. „Is aach kaan Verlust", erwiderte die Zeitungsfrau.

Hätt' ich doch die Jungfer Steitz geheirat'!

Der Photograph MYLIUS in Frankfurt sollte einst für „Über Land und Meer" eine Aufnahme von SCHOPENHAUER (1788 bis 1860) machen. Er wußte aber von einem Kollegen, der ihn im Jahre 1849 daguerreotypiert hatte, daß der Philosoph einem solchen Vorhaben erhebliche Hindernisse bereiten würde. Wie er die Aufnahme schließlich doch zustande brachte, erzählte Mylius selbst: Ich fuhr mit Apparat, transportabler Dunkelkammer, Glasplatten und Lösungen zur Schönen Aussicht, wo Schopenhauer wohnte. Auf mein Klingeln hin öffnete zögernd die Haushälterin. Ich bat sie, ihrem Herrn den Zweck meines Kommens mitzuteilen. Die Frau verschwand, kam erst nach längerer Zeit, während der ich öfter das Wort „Verflucht!" durch die Tür hörte, wieder und bat mich, einzutreten.

Ich kam in ein ziemlich großes Zimmer. Am Fenster stand Schopenhauer, den Rücken mir zugewandt, mit der rechten Hand aufgeregt gegen die Scheiben trommelnd. Er brummte: „So, das Publikum will mich sehen, das verfluchte Publikum!" Der Pudel, der zu seinen Füßen saß, begann zu knurren. Schopenhauer gab ihm einen leichten Tritt mit dem Stiefelabsatz, der aber fast mehr Zärtlichkeit war als Strafe.

Der Hund schwieg. Der Philosoph trommelte weiter; nach mir hatte er sich noch nicht umgedreht. „Das verfluchte Publikum! Wie lange dauert denn die Sitzung?"

„Zehn Sekunden, Herr Professor!"

„Wollen Sie mich uzen?"

„Zehn Sekunden nach dem neuen nassen Collodiumverfahren auf Glas."

„Davon weiß ich."

„Das ist der 60. Teil an Zeit gegen früher."

„Das weiß ich."

Da endlich drehte er sich um, sah mich lange an, setzte sich auf den Stuhl am Fenster sogleich in die richtige Beleuchtung und rief: „Also los! Für das verfluchte Publikum!"

Als ich ihm nach einigen Tagen einen Abzug schickte, ließ er zwar nichts von sich hören, er scheint mich aber doch im Andenken behalten zu haben, denn als ich lange Zeit darauf mit meiner Kamera einmal eine Hausaufnahme in der Stadt machte, stand plötzlich, während ich unter dem schwarzen Tuch steckte, jemand hinter mir und rief: „Kuckuck!" Ich drehte mich um — es war Arthur Schopenhauer.

Dem oben erwähnten Photographen, der schon im Jahre 1849 ein Bild von Schopenhauer machte, verdanken wir ebenfalls eine Schilderung über den Hergang dieser Handlung:

„Sehen Sie", so sagte SCHOPENHAUER zu dem Photographen, „so sieht der Philosoph Schopenhauer aus." Dabei stützte er den Kopf in die Hand, setzte den Ellbogen auf den Tisch und fixierte den Photographen durchdringend mit seinen hellen Augen. Dann schnitt er plötzlich eine scheußliche Fratze und sagte: „Und so sieht der Mensch aus. Was wollen Sie jetzt?"

„Herr Professor, der Philosoph eignet sich besser zum Photographieren."

„Warum?"

„Weil Sie in dieser Stellung lange genug stillhalten können."

„Wenn ich aber nicht will?"

Der Photograph zuckte schweigend die Achseln. Noch einmal fragte Schopenhauer: „Wenn ich aber nicht will, he?"

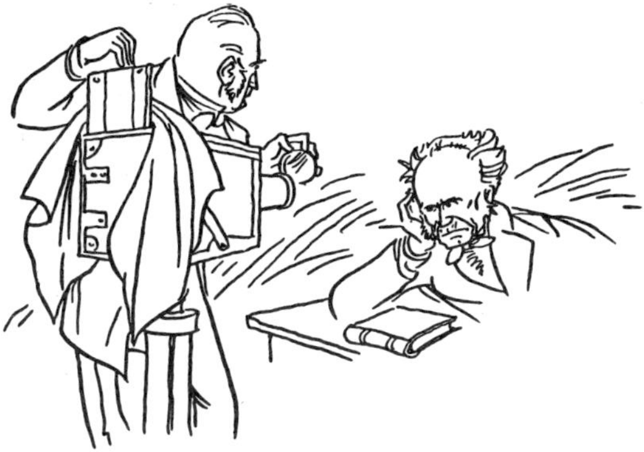

„Es dauert etwa zehn Minuten, Herr Professor ... "

„Ich weiß, daß man jetzt Talbotypien, Photographien auf Wachspapier, macht, sie sind in drei Minuten ausgesessen."

„Da müßte das Format aber größer sein, und es kostet 25 Gulden."

„Herr, glauben Sie etwa ... ?" Daguerreotypieren Sie mich, ich werde mich verankern."

SCHOPENHAUERS musikalisches Ideal war ROSSINI. Wenn er von ihm sprach, dann schlug er die Augen andächtig zum Himmel auf. „Wenn man viel Rossini gehört hat, kommt einem alles andere schwerfällig vor", sagte er, obwohl er mit Vorliebe Konzerte besuchte, in denen Symphonien von Beethoven aufgeführt wurden.

Nun kam Rossini einmal durch Frankfurt und logierte im „Englischen Hof", wo Schopenhauer täglich zu Mittag speiste. Er saß ganz in der Nähe des Philosophen, dieser aber wollte seine Bekanntschaft nicht machen und sagte zu dem Wirt: „Dieser Herr kann unmöglich Rossini sein, das ist nur ein dicker Franzose."

Ein andermal nahm Lady BYRON an der Mittagstafel im „Englischen Hof“ teil. Erst als die Dame wieder weg war, machte der Wirt Schopenhauer darauf aufmerksam, wer es gewesen sei. „Zum Teufel“, schrie der Philosoph, „warum haben Sie mir das nicht früher gesagt? Ich hätte ihr gern ein paar Grobheiten gesagt.“ — „Das fürchtete ich gerade“, meinte der Wirt, der seinen Stammgast kannte, „darum behielt ich es für mich.“

Zu SCHOPENHAUER in der Schönen Aussicht kam kurz vor Neujahr ein Bekannter und fand ihn mit dem Lesen einer großen Menge Briefe beschäftigt. Der Philosoph sah jedes einzelne Schreiben flüchtig an, warf die meisten davon auf den Fußboden und steckte sie später in den brennenden Ofen.

„Was machen Sie denn da, Herr Professor?“ fragte der Besucher erstaunt.

„Ich beantworte die Briefe aus dem verflossenen Jahr“, versetzte Schopenhauer trocken.

Als mit zunehmendem Alter des Philosophen die Zahl der Verehrer und damit auch die der Besucher in dem Hause an der Schönen Aussicht in Frankfurt wuchs, sagte Schopenhauers Haushälterin einmal zu ihm: „Ich waaß net, Herr Doktor, was die Leut immer an Ihne hawwe unn Sie sehe wolle — ich hab längst genug von Ihne.“

PROFESSOR SCHOPENHAUER war auf dem ganzen Röderberg, wie Friedrich Stoltze einmal erzählt, eine bekannte Persönlichkeit, weniger seiner äußeren Erscheinung wegen in bezug auf seinen Anzug, obgleich dieser etwas auffallender Art war, als seines tragikomischen Mienenspiels und der heftigen Gestikulationen halber, womit er seine lauten Selbstgespräche begleitete, die immer von den Worten durchflochten waren: „Hätt’ ich doch vor fünfundzwanzig Jahren die Jungfer Steitz geheiratet!" Ich habe diese Worte wie häufig von ihm gehört, wenn er an meinem Garten vorüberging, und sie waren auf dem Röderberg so bekannt, daß die Kinder dort dem Herrn Professor nachriefen: „Hätt' ich doch vor fünfundzwanzig Jahr'n die Jungfer Steitz geheirat'!"

Zu seinem Testamentsvollstrecker bestellte Schopenhauer seinen Jünger und Freund Dr. jur. Wilhelm Gwinner in Frankfurt. Bei ihm legte er seinen letzten Willen nieder. Als Gwinner ihn fragte, ob er gestatten wolle, daß seine Leiche seziert werde, wehrte nach kurzem Bedenken Schopenhauer heftig ab: „Nein! Haben sie vorher nichts gewußt, so brauchen sie auch nachher nichts zu wissen."

Er bestimmte, daß auf seinem Grabe nur der Name „Arthur Schopenhauer" stehen solle — wie es ja auch auf der Granitplatte auf dem Frankfurter Hauptfriedhof zu sehen ist — nichts weiter, kein Datum, keine Jahreszahl, keine Silbe. Und als Gwinner ihn fragte, wo er ruhen wolle, sagte er: „Das ist mir einerlei, sie werden mich finden."

Vor etwa hundert Jahren wohnte in Rödelheim Geheimrat Crome, der trotz seiner achtzig Jahre noch rüstig an Körper und Geist und ein guter Gesellschafter war. Er wußte zu erzählen von den Kaiserkrönungen, an denen er teilgenommen hatte, von den Fürsten und deren Umgebungen, die sich dazu einfanden und von manchem anderen. Bevor Crome im Ruhestand in Rödelheim lebte, war er Professor in Gießen. Bei seinen Vorlesungen hatte er die Gewohnheit, sobald er eine Stadt oder eine Gegend erwähnte, hinzuzufügen: „Da bin ich ooch gewesen." Von dieser Übung haben ihn dann die Gießener Studenten abgebracht. Vor dem Beginn eines Kollegs zeichneten sie einen Galgen an die Wandtafel und schrieben darunter: „Da bin ich ooch gewesen."

TYCHO MOMMSEN, der Bruder Theodor Mommsens, unterrichtete seit 1864 am Städtischen Gymnasium in Frankfurt und war wegen seiner großen Zerstreutheit bekannt. Einmal war er bei einem Freund eingeladen, der bei seiner verwitweten Schwester wohnte. Nach dem Essen erklärte die Dame, ihr sei plötzlich schlecht geworden und bat, sie zu entschuldigen, wenn sie die Herren allein lasse. Mommsen meinte, nachdem sie gegangen war, das sei wohl ein Anzeichen dafür, daß die Dame guter Hoffnung sei. „Nein, mein Lieber", sagte der Freund lächelnd, „das ist ja nicht möglich, denn meine Schwester ist schon seit drei Jahren Witwe." — „Entschuldige bitte", sagte Mommsen, „ich dachte sie wäre noch ledig."

Der berühmte Ästhetiker FRIEDRICH VISCHER stand mit einem Freunde vor dem Schimpansen im Frankfurter Tiergarten. Der Affe sah mißmutig drein. Da sah ihn Vischer mitleidig an und sagte: „Gelt, du bischt halt bigott traurig, daß du's Exame zum Mensch nit bestande hascht."

PROFESSOR REICHENBACH hatte eine Studienfahrt nach Griechenland gemacht. Nach seiner Rückkehr wurde er von einer Dame gefragt, ob die Reise nicht langweilig gewesen sei? „Ach Gott", sagte da der Professor, „bis Iseborg gehts, awwer naher zieht sichs . . . !"

Zu den stadtbekannten Persönlichkeiten in Frankfurt gehörte gegen Ende des vorigen Jahrhunderts ein Justizrat von fast zwergenhaft kleiner Gestalt, dessen scharfe Zunge aber sehr gefürchtet war. Eines Tages saß der kleine Herr in seinem Arbeitszimmer und studierte bei offenem Fenster in einem riesigen Folianten, den er mit Mühe vor sich hielt. Da wurde unerwartet die Türe geöffnet, es gab so einen gewaltigen Durchzug, daß der dicke Wälzer dem erschrockenen kleinen Justizrat aus der Hand glitt und ihn mit zu Boden riß. Laut schrie der Mann um Hilfe. Sein Bürodiener eilte herbei und rief, als er niemanden sah: „Herr Dokter, wo sinn Se denn?“ — „Seite 468!“ lautete die klägliche Antwort.

Von Dr. Johann Christian Ehrmann, dem Gründer des Ordens der verrückten Hofräte, erzählt man sich, daß ihn eines Tages ein Frankfurter Geschäftsmann, der nicht sehr sauber war, gefragt habe, in welcher Maske er auf den Bürgerball gehen solle. „Waaßt de was, wäsch dich emal, da kennt dich kaan Deiwel“, soll Ehrmann gesagt haben.

Dem Doktor beider Rechte Carl Christian Fabricius, der „Polizeigerichts-Aktuar-Vikar“ in Frankfurt war, wurde einmal ein Aktenband vorgelegt, der den Erlaß einer hohen Gerichtsstelle enthielt, in dem die nachgeordneten Dienststellen darauf hingewiesen wurden, daß in den Bescheiden „an dritte Personen“ die Worte „Sie Sich“ groß zu schreiben seien. Dann hieß es: Es muß geschrieben werden: „ich mich“, „Du Dich“, „er sich“, „wir uns“, „Sie Sich“, „Ihr Euch“, „sie sich“. An den Rand dieses Erlasses schrieb Dr. Fabricius: „Du — mich!“

Um die Mitte des vorigen Jahrhunderts übte in der Großen Bockenheimer Gasse der Anwalt Dr. jur. Conrad Hieronymus Häberlein seine Praxis aus. In dem gleichen Hause wohnte auch ein Arzt. Eines Tages wurde Häberlein auf der Treppe von einer aufgeregten Frau angehalten, die ihn anflehte: „Ei, Sie sin gewiß der Herr Dokter ... Komme Se doch, bitte, gleich mit zu mei'm Mann, der hat die Hand gebroche.“

„Kann nicht, liebe Frau“, sagte der Anwalt, „ich bin allerdings Doktor, aber Doktor der Rechte.“

„Ach so, ja, dann geht's aach net, mein Mann hat die link' Hand gebroche.“

Der Justizrat Friedrich Franz Varrentrapp unterrichtete einmal eine biedere Bauersfrau darüber, wie sie sich in einem Prozeß verhalten solle, und meinte, das habe ihr eigentlich auch ihr Mann sagen können. Die Frau schimpfte nun weidlich auf ihren Mann. Varrentrapp unterbrach sie lachend mit der Bemerkung, er glaube, daß wohl *sie* daheim die Hosen anhabe. Worauf die Frau eifrig rief: „Ei was, ich hab sommers unn winters kaa Hose aa!“

Bei dem Geheimen Justizrat Dr. Humser erschien eine Bürgersfrau und erklärte, sie wolle ihr Testament machen. Nachdem die notwendigen ersten Förmlichkeiten erledigt waren, begann die Frau, eine lange Liste mit Namen zu diktieren. Als der letzte niedergeschrieben war, tat die Frau einen tiefen Seufzer der Befriedigung. „Nun, liebe Frau“, sagte der Justizrat, „das ist ja eine ganz nette Liste. Nun müssen Sie mir aber auch sagen, was jeder dieser Leute bekommen soll.“ — „Behüt' mich Gott, Herr Rat, dess sin die, die nix kriehe!“ erwiderte die Frau rasch.

Der bekannte Frankfurter AMTSGERICHTSRAT DR. RÜKKERT, der jahrelang die Privatklagen hatte, bemühte sich, Klarheit in eine Diebstahlsgeschichte zu bringen. „Also, Herr Zeuge, wie hat denn der Angeklagte zu Ihnen gesagt?“ „Er hat gesagt, er stahl das Pferd, Herr Rat!“ „Aber, Herr Zeuge, er wird doch nicht die dritte Person gebraucht haben?“ „E dritt' Person is iwwerhaupt net derbei gewese, Herr Rat!“ „Herr Zeuge, Sie verstehen mich nicht. Sagte der Angeklagte nicht: *Ich* stahl das Pferd?“ „Naa, Herr Richter, von Ihne is garnet die Redd' gewese . . . !“

Der Geschichtsschreiber und Kanzelredner ANTON KIRCHNER (1779 bis 1834) lehnte einst einen Ruf des Kronprinzen von Württemberg mit den Worten ab: „Kann ich mich kaum auf dem Pflaster der Freistadt erhalten, wie viel weniger auf dem glatten Parkett des Hofes.“

Auf der Frankfurter National-Versammlung von 1848 waren die Professoren zahlreich vertreten: Jakob Grimm, Dahlmann, Gervinus, Ludwig Uhland, Friedrich Vischer, Ernst Moritz Arndt und viele andere mehr. Damals spottete man: „Einundachtzig Professoren — Vaterland, du bist verloren!“

Professor RICHARD WILHELM, der ausgezeichnete Chinakenner und Professor an der Frankfurter Universität, war einmal bei einem befreundeten Ehepaar zu Gast und erzählte von seinen Erlebnissen in Tsingtau während des Krieges: „Wir hatten vierhundert Frauen in unserer Obhut, keinen Mann, sonst nur Greise und Kinder. Die Haltung und Disziplin der Deutschen war mustergültig. Während der vier Jahre Gefangenschaft wurde nur ein einziges uneheliches Kind geboren." Sagte die Dame des Hauses: „Wenn kein Mann da war, ist das eigentlich noch zu viel."

Allmonatlich pflegte Geheimrat SCHOENFLIES, Professor der Mathematik an der Johann-Wolfgang-Goethe-Universität, mit seinen Doktoranden einmal zum Äpfelwein zu gehen, um bei dem Frankfurter Nationalgetränk die tiefen Probleme seines Fachs zu erörtern. Eines Tages ergab sich beim Zahlen zwischen der Rechnung des Kellners und der des Professors eine beträchtliche Differenz. Erneutes Addieren zeigte, daß der Kellner recht hatte, worauf dieser tröstend meinte: „Ei, des kann vorkomme, rechne is halt net jedermanns Sach'."

Der Rektor der Weißfrauenschule CHUN feierte sein vierzigjähriges Dienstjubiläum. Im Auftrag der Regierung war Schulrat Bornemann zugegen. Leutselig fragte dieser den Jubilar: „Na, Herr Rektor, wie alt sind Sie eigentlich?" Da klopfte ihm Rektor Chun väterlich auf die Schulter und meinte: „Gewwe Se sich nor kaa Müh, Herr Schulrat, den Tag seiner Pensionierung bestimmt der ahle Chun selber."

M.D.S. — Muß doch sterwe!

Noch vor der Eingemeindung der Dörfer Eckenheim, Preungesheim, Berkersheim und Bonames nach Frankfurt versah dort ein halbes Jahrhundert lang Sanitätsrat Dr. WEGENER (1833 bis 1922) den Gesundheitsdienst. Er war, wie die alten Bauern noch heute zu berichten wissen, ein Original an Grobheit wie an ärztlichen Können. Einmal behandelte er einen Bauern, dessen Krankheit weder ansteckend noch gefährlich war. Der von Natur aus kräftige Mann, der von Frau und Tochter gepflegt wurde, fieberte aber unverhältnismäßig lange und erholte sich nicht. Der Arzt stand vor einem Rätsel.

Dieses löste sich ihm aber, als er eines Tages unbemerkt ins Haus kam und vor der Tür des Zimmers Zeuge einer keifenden Unterhaltung der beiden Frauen mit dem Kranken wurde. Er machte an diesem Tage bei der Untersuchung ungewöhnlich viel Umstände und dazu ein sehr besorgtes Gesicht. Die Frau, der das nicht entging, fragte ihn nachher an der Haustür: „Werd er sterwe misse, Herr Dokter?" Worauf der alte Wegener voller Mitleid antwortete: „Der Schaa net, awwer Sie unn Ihr Dochter, lieb Fraa, fier euch steht's net gud ..." „Ei was, ei wieso dann, Herr Dokter?" Mutter und Tochter begannen ein angstvolles Lamento, das Wegener mit der Feststellung unterbrach: „Des is es ja ewe, Ihr macht die Mäuler zu weit uff. Da marschiern all die Bazille enei, die vom Schaa ausgehn, unn wann er mol e paar zu viel dervon schlucke dut, dann könnt'er umfalle unn dot sei. Wann er lang lewe wollt, dann mißt er euer Mäuler desinfiziern ..." Natürlich wollten die Frauen das tun, und so verschrieb ihnen der Arzt — Baldriantropfen. Davon mußten sie einige Tropfen in ein Gals Wasser schütten und von dieser Flüssigkeit immer einen Schluck im Munde tragen, wenn sie bei dem Kranken waren. Diese „Desinfektion" tat ihre

Schuldigkeit. Eine Woche später war der Bauer wieder gesund.

Einmal kam der Heiner zum Doktor WEGENER und jammerte: „Herr Dokter, ich hab schon seit sechs Woche die schnelle Kathrine." — „Seit sechs Woche? Warum kimmste dann erst jetzt?" — „Ei, ich arweit doch in der Stadt, un da bin ich alsemal dort zum Dokter gange." — „Waaßt de, Hoiner", sagte darauf Wegener, „an dir Drecksack dut mer ja nix leihe, awwer ich behannel dich und dei Familie schon länger als dreißig Jahr, — da finde ich es doch höchst merkwürdig, daß Sie zu einem anderen Arzt gehen und zu mir erst kommen, wenn es gar nicht mehr anders gehen will."

Der Heiner, der nicht beachtete, daß es ein Sturmzeichen war, wenn der alte Wegener hochdeutsch sprach und „förmlich" wurde, antwortete halb verlegen, halb patzig: „Ei no, ich bin ja in der Kass' unn hab frei Arztwahl ... " Weiter kam er nicht. Der Doktor war aufgesprungen und schrie ihn an: „Und ich habe freie Patientenwahl, verstanden?! Raus! Sch ... Sie ruhig weiter!" Der Heiner wußte gar nicht, wie geschwind er auf der Straße stand.

Aber der alte Herr war „garnet so". Als die Frau des Heiner kam und für ihren Mann bat, da übernahm Wegener doch die Behandlung und führte die Kur zu einem glücklichen Ende.

Unter den vom Apotheker anzufertigenden Rezepten steht häufig der Vermerk: „M.D.S." Das ist die Abkürzung von „Misce, Da, Signa" und bedeutet die Anweisung an den Apotheker: „Mische, verabreiche und bezeichne", die Medizin nämlich, die der Patient nach bestimmter Verordnung einnehmen soll. Der Hannes aus Seckbach hatte

die Rezepte, die Sanitätsrat Dr. WEGENER ihm verschrieb, immer genau „studiert“. Er wäre gerne hinter die in der Kraxelschrift verborgenen Geheimnisse gekommen. Besonders das Rätsel jener drei Buchstaben konnte er nicht lösen. Als er einmal eine Rechnung bei dem Arzt beglich, fragte er, warum denn unter allen Rezepten immer „M.D.S.“ stehe. Da sagte Dr. Wegener mit grabestiefer Stimme: „Hannes, dess iss werklich e Geheimnis. Eichentlich derf ich's net sage, awwer dir will ich's doch verrate. Mit dene Buchstawe bist du gemaant, un se bedeute: „Mußt doch sterwe!“

Zu dem jungen Dr. GRANDHOMME, dem später vielbegehrten Frankfurter Kreisarzt, kam in den achtziger Jahren ein Forstgehilfe und bat ihn um ein Krankheitsattest, damit er einen Erholungsurlaub bekomme. Der Arzt stellte das Attest auch aus. Am anderen Tag erschien der Forstgehilfe wieder. „Na, Herr Grünrock, wo fehlts denn heut'?“ fragt leutselig der Arzt. „Ach, Herr Doktor“, stotterte da der brave Mann, „däte Se mer des Attest net e bissi umschreiwe. Der Herr Oberförster hat gemaant, wenn de des Attest eireichst, kriehst de kaan Urlaub, da werst de pensioniert . . .!“

Der alte Sanitätsrat HEYDER war ein Mann, der nicht viel Worte machte. Er schätzte die Patienten sehr, die es gleich ihm hielten. Eines Tages besuchte ihn eine einfache Frau in der Sprechstunde, und es entwickelte sich folgendes Gespräch: „No, wo fehlt's denn, Fraache?" „Verbrannter Arm . . . !" „Herzeige! Geriwwene Kartoffel druff, morje wiedderkomme! Adjee!" Am anderen Tag war die Frau wieder in der Sprechstunde. „No, Fraache?" „Fast gut, Herr Dokter, was kosts?" „For dich nix, bist e verninftig Fraa, hältst dein Maul! Wenn wiedder was is, kimmst de, machs gut, adjee . . .!"

Sanitätsrat Dr. Bardorff praktizierte viele Jahre auf der Altegasse. Er sprach nicht viel, aber er hatte das Herz auf dem rechten Fleck. Kam einmal eine „hochgestochene" Dame, die er besonders „gefressen" hatte, zu ihm in die Sprechstunde. „Ach, lieber Herr Doktor, was mache ich nur gegen die drei Warzen auf meiner Oberlippe?" „Wisse Se was, da gibt's e gut' Mittelche", schmunzelte Bardorff, „lasse Se sich in die Unnerlipp' drei Knopplöcher schneide, knöppe Se's Maul zu, dann hawwe Se im Winter en wunnerscheene, warme Hals."

Die Frau eines Frankfurter Bankiers, längst Großmutter geworden, plagte Bardorff immer wieder mit wirklichen und eingebildeten Leiden. Bis dieser eines Tages die Geduld verlor und ziemlich barsch sagte: „Lieb' Fraa, jünger kann ich Sie net mache . . .!" Doch das brachte die Alte durchaus nicht aus der Ruhe, sondern mit freundlich lächelndem Gesicht erklärte sie: „Ei, des solle Se ja aach garnet, liewer Bardorff, awwer helfe solle Se mer, noch älter ze wern . . .!"

Dr. Heinrich Hoffmann (1809 bis 1894), der dem deutschen Volk den „Struwwelpeter" geschenkt hat, war von Beruf Arzt. Zu seinen Patienten gehörte auch der Maler Moritz von Schwind, der einige Jahre Lehrer am Städel war und trotz der holden Märchen, die er malte, manchmal ein recht schwarzseherischer Geselle sein konnte. Er verlangte eines Tages von Dr. Hoffmann ein sicheres Mittel, mit dem er sich ins Jenseits befördern könne. Hoffmann erbot sich, ihm ein Fläschchen Gift zu geben, er solle dann, mit einem gut geladenen Revolver versehen, die oberste Plattform des Pfarrturms besteigen, dort das Fläschchen austrinken, sich eine Kugel oder zweie in die Schläfe schießen und sich dann rückwärts vom Turm hinunterstürzen. Das sei dann unbedingt endgültig. Der Maler erschrak heftig und wehrte ab. Hoffmann aber lachte und verlangte für die „Konsultation“ drei Gulden.

Ein andermal allerdings, als sich Schwind für eine glückliche Heilung mit einem Ölbild bedanken wollte, wehrte Hoffmann bestürzt ab: „Zu viel, zu viel“, und als Schwind bei dem Honorar beharrte, willigte der Arzt endlich ein: „Also einverstande! Awwer Sie hawwe noch e Nervefieber bei mer zugut!“

Als junger Arzt hielt HOFFMANN um die Tochter des angesehenen Frankfurter Kaufmanns DONNER an. Dieser maß den damals unbekannten Jüngling mit strengen Blikken und fragte: „Unn was hawwe Se dann for Aussichte uff die Zukunft?“ Hoffmann stutzte erst, dann meinte er munter: „Ach, ich spiel' e Achtelche in der Lotterie!“

In Äußerungen schlagfertigen Witzes war der „Struwwelpeter-Hoffmann“ unerschöpflich. Jede Woche einmal traf er im Dienstagskränzchen im „Bürgerverein“ einen kleinen Freundeskreis, der aus Künstlern, Gelehrten, Schriftstellern und anderen hervorragenden Persönlichkeiten bestand. Einmal bot Hoffmann dem Frankfurter Stadtrat VON OVEN eine Zigarre an, die aber abgelehnt wurde. Da rief Hoffmann aus: „Potztausend! Ein guter Ofen, der nicht raucht.“

Dr. JOHANN CHRISTIAN SENCKENBERG (1707 bis 1772), der durch seine großartige Stiftung seinen Namen unsterblich gemacht hat — bildete sie doch einen Grundstock der 1914 eröffneten Frankfurter Universität —, war Stadtphysikus und Hofrat des Landgrafen von Hessen-Kassel und war als Sonderling stadtbekannt. Goethe, der diesen Mann und seine Tat sehr hoch geschätzt hat, erzählt von ihm im zweiten Buch von Dichtung und Wahrheit: „Johann Christian Senckenberg, ein Arzt und ein Mann von großer Rechtschaffenheit, der aber wenig und nur in vornehmen Häusern praktizierte (das ist ein Irrtum Goethes: Senckenberg hatte Patienten in den verschiedensten Kreisen der Stadt), behielt bis in sein höchstes Alter immer ein etwas wunderliches Äußere. Er war immer sehr nett gekleidet, und man sah ihn nie anders auf der Straße als in Schuhen und Strümpfen und einer wohlgepuderten Lockenperücke, den Hut unterm Arm. Er ging schnell, doch mit einem seltsamen Schwanken vor sich hin, so daß er bald auf dieser, bald auf jener Seite der Straße sich befand und im Gehen einen Zickzack bildete. Spottvögel sagten, er suche durch diesen abweichenden Schritt den abgeschiedenen Seelen aus dem Wege zu gehen, die ihn in gerader Linie wohl verfolgen möchten, und ahme diejenigen nach, die sich vor einem Krokodil fürchteten."

Um die Mitte des vorigen Jahrhunderts lebte in Frankfurt der Arzt JOHANN ADAM SCHOTT, landgräflich hessischer Hofrat, der wegen seiner Kenntnisse und Heilerfolge berühmt war und eine sehr ausgedehnte Praxis hatte, obwohl er an Grobheit nichts zu wünschen übrig ließ. Eines Tages klagte ihm eine Patientin, eine alte, wegen ihrer Schwatzhaftigkeit stadtbekannte Dame, sie habe entsetzliche Magenschmerzen. „Zeigen Sie mir Ihre Zunge!" verlangte der Arzt, und nachdem er sie sich besehen hatte, sagte er: „So, danke, sie gefällt mir gar nicht!" „Um

Gotteswillen, Herr Hofrat", rief die erschrockene Frau, „sie gefällt Ihnen nicht? Ist es denn so schlimm?" „Nein, nein. Nur weil jedermann sein spezifisches Handwerkszeug stets in saubersten Zustand halten sollte ... und Ihre Zunge ist ziemlich belegt."

Der Leiter der Frankfurter Irrenanstalt, Dr. SIOLI, der Nachfolger des „Struwwelpeter-Hoffmann", zeigte einmal einem durchreisenden Kollegen seine Anstalt, den „Affenstein", wie der Volksmund das Irrenhaus nannte (Heiligenstock = Avestein = Affenstein). In dem parkartigen Garten der Anstalt, dessen Reste heute noch erhalten sind und zum Garten des früheren IG-Hochhauses gehören, saß ein trübsinniger junger Mann mit einer Puppe im Arm.

„Sehen Sie", erklärte Dr. SIOLI, „dies ist mein ruhigster Patient. Der arme Junge ist darüber verrückt geworden, daß das Mädchen, das er liebte, nicht seine Frau werden wollte. Er tröstet sich jetzt mit der Puppe und glaubt, sie sei jenes Mädchen."

In diesem Augenblick kam aus der Tiefe des Gartens ein tobender Irrer herausgestürzt, verfolgt von den Pflegern, denen es erst unmittelbar vor Sioli und seinem Gaste gelang, den Kranken einzufangen. Da sagte Sioli: „Und dieser Kranke ist der Mann, dessen Frau jenes Mädchen wurde."

Sanitätsrat Dr. BOCKENHEIMER, einer der bekanntesten Ärzte im alten Frankfurt, haßte es, wenn man ihn auf der Straße ansprach, um einen ärztlichen Rat zu „nassauern". Eines Tages redete ihn eine reiche, aber geizige Frau auf der Straße an, was sie wohl gegen einen geschwollenen Finger tun könne. „Gehn Se haam, lieb' Fraa", sagte Bockenheimer, „nemme Se des Daschemesser von Ihne Ihrm Mann, schneide Se den Finger ab, lege S'en in Spiritus unn dann komme Se in die Klinik. Ich will dann sehe, was sich for fuffzig Mark mache läßt!"

Sanitätsrat Dr. BOCKENHEIMER feierte sein 50-jähriges Doktor-Jubiläum. Zur Gratulation kam sein damaliger Assistenzarzt Dr. SOLTANS in Frack und Zylinder. „Mein lieber Kollege", sagte Dr. Bockenheimer, „es war ja nicht nötig, daß Sie so feierlich angezogen zu mir kommen." Dr. Soltans entschuldigte sich: „Herr Sanitätsrat, es is ja net nor der Ehre halber. Die Sache misse aach an die Luft, daß die Motte net enei komme."

Ein alter Frankfurter war ein großer Jäger vor dem Herrn. Er schoß zwar wenig, dafür war er umso eifriger beim Erzählen seiner Jagdabenteuer. Als er wieder einmal bei einem Essen so richtig im Zuge war, verschluckte er sich und bekam einen Hustenanfall. „Dem is emal e wahr' Wort in die Kehl' komme", sagte Dr. BOCKENHEIMER und prostete mit harmlosem Gesicht dem Jägerlateiner zu.

Sanitätsrat Dr. FLESCH war bekannt dafür, daß er sich selbstlos um die ärmere Bevölkerung kümmerte. So besuchte er einmal eine ältere Sachsenhäuserin, und als er wieder weggegangen war, sagte sie zu ihren Angehörigen: „Einmal im Jahr, wenn ich mich wäsch', kommt der Dr. Flesch!"

Der Sohn eines Frankfurter Millionärs, der wegen allzu üppigen Lebens und geringer körperlicher Tätigkeit allerlei Beschwerden hatte, reiste einmal nach Berlin, um den bekannten Verfasser des Buches „Vom gesunden und vom kranken Menschen", Professor KARL ERNST BOCK (1809 bis 1874) um ärztlichen Rat zu fragen. Als er dem Arzt sagte, er befürchte, die Beschwerden, die ihn quälten, könnten schließlich in Gicht und Podagra ausarten und ihn fragte, wie er sie wohl am besten loswerden könne, antwortete Bock sehr ernsthaft: „Am besten, wenn Sie täglich von zwei Mark leben, die Sie sich erst verdienen müssen.“

Von dem hervorragenden Chirurgen LUDWIG REHN (1849 bis 1930), der am Städtischen Krankenhaus wirkte, erzählte man sich folgende hübsche Geschichte:

Eines Tages stieg der Professor in die überfüllte Trambahn. Sofort stand ein Mann auf, dem Anschein nach ein Handwerker, und sagte höflich: „Herr Professor, darf ich Ihne mein Platz anbiete?“

Der Arzt, geschmeichelt ob seiner Volkstümlichkeit, fragte: „Wie? Sie kennen mich?“ — „Un ob ich Sie kenn'!“, rief der Handwerker so laut aus, daß der ganze Wagen aufmerksam wurde und gespannt zuhörte. „Sie hawwe mer doch das Lewe gerett.“

Leutselig entgegnete der Professor: „Lieber Mann, ich sehe natürlich täglich so viele Kranke, daß ich mich beim besten Willen nicht mehr auf Sie besinnen kann. Sie müssen meinem Gedächtnis aufhelfen und mir die Sache schon näher erklären.“ „Ja, gern, Herr Professor. Ich lag krank in Ihne Ihrer Klinik. Alle Ärzte hatte mich uffgegewwe. Da sinn Sie ereigekomme in den Saal mit mächtig viel junge Ärzte. Sie hawwe mich aagesehn unn nur e aanzig Wort gesacht . . . unn von dem Dag aan bin ich besser und schließlich gesund wor'n.“

„Hm, hm“, machte Rehn, „und haben Sie vielleicht dieses Wort behalten? Wie hieß es denn?“

Atemlos hörten alle Leute in der Trambahn zu, alle wollten natürlich das Zauberwort hören.

Da sagte der biedere Handwerker: „Ja, freilich, Herr Professor, so e goldig Wort vergißt mer ja in sei'm Lewe net mehr. Sie hawwe gesacht: „moribundus“ (Der Kranke ist dem Tod geweiht).

Ja, wenn mer solche Parrer hätte ...

Anekdoten haben ein langes Leben: Anno 1486 starb JOHANN SOMMER, seines Zeichens ehrwürdiger Stiftsherr an St. Bartholomäus in Frankfurt. Man erzählt sich, daß acht Mann nötig waren, den Sarg zu tragen. Zur gleichen Zeit hatte der gelehrte Kanonikus und Kanzler des Domstiftes PFEFFER, das Pech, im Trierischen Hof in die Jauchegrube zu fallen. Die Frankfurter lachten und machten sich einen Vers darauf:

Der Sommer is eweg
Un der Peffer leiht im Dreck.

PHILIPP JAKOB SPENER war im Jahre 1666 Senior der Frankfurter Geistlichkeit geworden. Sein Pfarrhaus war ein Sammelpunkt tätiger, neuerungssüchtiger Theologen und Laien. Im Jahre 1670 gründete er einen Ausspracheкreis, die „collegia pietatis“ zwischen Laien und Theologen, wobei er für ein gutes Witzwort stets empfänglich war. Gern stellte er Fragen, auf die geistesgegenwärtig geantwortet werden sollte. So fragte er einst: „Ich fahre von Frankfurt nach Leipzig, meine Koffer werden jedoch nach Dresden befördert. Wie wollen Sie das nun nennen, lieber Amtsbruder, Zufall oder Schicksal?“ Der Gefragte antwortete schlagfertig: „Das ist nichts anderes als eine unverschämte Bummelei!“

Ein andermal fragte Spener: „Was würden Sie sagen, wenn unser Frankfurter Pfarrhaus hier nun plötzlich einstürzte?“ „Ich ging auf die Frankfurter Probstei und schlüge Lärm, daß man ein Pfarrhaus so schlecht fundamentierte.“

Der vor mehr als einem Menschenalter an der Frankfurter Liebfrauenkirche amtierende Geistliche Rat BERNHARDT war als Original von echtem Schrot und Korn weit und breit bekannt. Einst kam ein junger Vater zu ihm, um die Taufe eines Kindes anzumelden, das zu früh gekommen war, so früh, daß man es noch nicht einmal als Siebenmonatskind ausgeben konnte. Natürlich war dies dem frischgebackenen Vater sehr unangenehm und es fiel ihm offensichtlich schwer, dem Pfarrer klaren Wein einzuschenken. Doch Bernhardt klopfte dem Mann jovial auf die Schulter und sagte: „Geh haam un mach' net so e Geschiss, des kimmt nor beim Erste vor, alle annern komme richtig!"

Eine arme, alte Frau wurde von BERNHARDT zu Tisch geladen, damit sie sich einmal tüchtig sattessen könne. Das tat sie denn auch. Es gab mancherlei schöne Sachen, und selbst ein spritziger Mosel fehlte nicht. Als man gegessen hatte, wandte sich Geistlicher Rat Bernhardt an die Frau und erklärte ihr, daß sie nun zwar ihren leiblichen Hunger gestillt habe, daß es aber auch eine andere Speise gäbe, die der Seele vor allem zuträglich sei. Da schüttelte das Weiblein den Kopf: „Ach naa, Herr Parrer, ihr Esse hat mer so gut geschmeckt, daß ich mer werklich kaa anneres winsch for mein Lewedag ...!„

Ein anderes Mal hatte der Herr Geistliche Rat BERNHARDT einen seiner jungen Kapläne einen „Olwel" genannt. Darob beschwerte sich der junge Herr beim bischöflichen Ordinariat in Limburg. Dieses entschied, daß sich der Geistliche Rat zu entschuldigen habe. Das tat denn Bernhardt auch am Sonntag beim Mittagessen, an dem alle Kapläne teilnahmen. Er klopfte an sein Glas und sagte: „Meine Herrn, ich bin en Olwel, der Herr Kaplan Schmidt is aach en Olwel, der Herr Kaplan Müller rechnet's sich ewefalls zor Ehr aan, mit mir en Olwel zu sein, nor der Herr Kaplan Mayer is kaan Olwel, was ich uff Befehl vom bischöfliche Ordinariat in Limburg zu entschuldige bitt'!"

Ein Frankfurter Pfarrer predigte über die Laster des Spiels und geriet darüber so in Eifer, daß er mit beiden Armen heftig in der Luft herumfuchtelte, wobei ihm ein Spiel Karten, das er im Ärmel seines Chorrockes stecken hatte, herausflog, und unter die andächtigen Zuhörer fiel. Aber der Herr Pfarrer verlor die Fassung nicht und rief einem alten Mütterchen zu: „Anne-Bärwel, was ist das für eine Karte, die auf Deinem Schoße liegt?" — „Herz-Bub, Herr Pfarrer!" — „Hab ich mir's doch gleich gedacht! In Deinen hohen Jahren kennst Du noch den Herz-Bub! O, du sündige Welt! O, du sündige Welt! Anne-Bärwel! Anne-Bärwel! Schäme Dich der Sünde in Dein altes unchristliches Herz hinein, Verworfene vor dem Herrn, die die Karten des Teufels kennt und die Spielblätter der Hölle! Siehe, ich habe Dich geprüft und Du hast nicht bestanden."

So erklärt Friedrich Stoltze den Frankfurter Ausspruch, den man gebraucht, wenn einer Moral predigt, aber selber nicht hasenrein ist: „Er hat Gott im Herze un die Kaart im Ermel."

Ein Pfarrer an der Dreikönigskirche in Sachsenhausen war schwer erkrankt. Zu seiner Vertretung wurde ein junger Amtsbruder aus Hamburg berufen. Schon am Tage nach seiner Ankunft mußte der Kandidat einen Mann beerdigen, der im Krankenhaus gestorben war, und von dem er nichts weiter wußte, als daß er den Beruf eines Steuermanns ausgeübt hatte. Dem Sohn der Waterkant verband sich, wie von selbst, mit diesem Beruf die Vorstellung von Sturm, Seegang und Gefahr. So rühmte er denn auch in seiner Trauerrede den Mut und die Tapferkeit, mit der der Tote zeit seines Lebens dem Toben des Meeres, der Gewalt der Orkane und allen Gefahren eines Schiffbruchs getrotzt und sein gutes Schiff, recht dem lieben Gott wohlgefällig, immerdar mit starker und sicherer Hand gesteuert habe. Die Hinterbliebenen waren zu Tränen gerührt: so hatte in Sachsenhausen noch nie ein Pastor am Grabe gepredigt. Als nach der Einsegnung der Leiche der junge Geistliche der Witwe sein Beileid aussprach, sagte die biedere Frau mit vielem Schlucken in der Stimme: „Ach, Herr Parrer, Sie hawwe ja wunnerschee geredt, awwer so schlimm is es mit mei'm Selige werklich net gewese. Er is ja doch nur uff'm Dampferche nach Schwanem gefahr'n."

Im Jahr 1887 hielt der Evangelische Bund in Frankfurt seine erste Generalversammlung ab, die ungemein stark aus ganz Deutschland besucht war. Die Festpredigt in der Katharinen-Kirche sollte Generalsuperintendent Vieregge aus Magdeburg halten. Die Kirche war bis auf den letzten Platz gefüllt. Die Predigt gefiel allgemein so, daß ein alter Frankfurter nach dem Gottesdienst seinem Nachbarn zurief: „Ja, wenn mer in Frankfurt so Parrer hätte, dann hätte mer jeden Sonndag e voll Kerch." Der Festprediger aber war nicht Vieregge, der im letzten Augenblick verhindert war, sondern der junge Frankfurter Pfarrer Hermann Dechent. Er war, ohne daß man es vorher bekannt gegeben hätte, für Vieregge eingesprungen. Er hat in seinem späteren Leben oft bewiesen, daß „mer aach in Frankfort so Parrer hawwe."

In den siebziger Jahren des vorigen Jahrhunderts war es in Frankfurt Sitte, die Toten durch die ganze Stadt feierlich nach dem fernen Friedhof an der Eckenheimer Landstraße zu geleiten. Im Versorgungshaus in der Hammelsgasse bestand der Brauch, den Pfarrer für den weiten Weg mit einer Tasse Fleischbrühe aus der Anstaltsküche

zu stärken. Als einmal die Anstaltsgeistlichen gewechselt hatten, benutzte der Hausverwalter die Gelegenheit, künftig die Tasse Fleischbrühe einzusparen. Anstaltsgeistlicher war damals der junge Hermann Dechent, ein schmächtiger, zarter und kleiner Herr. Ihn sehen und sich erbarmen, war für den Verwalter eins. Er befahl dem Küchenpersonal: „Gebt dem nor aach e Daß Fleischbrieh, der mechts doch net mehr lang."

Pfarrer GÖNTGEN von der Dreikönigskirche in Sachsenhausen, durch Friedrich Stoltzes „Parre Kännche" bekannt geworden, hatte sich bei einer Gärtnersfrau für den Nachmittag zum Besuch angemeldet, kam aber nicht zu der vorgesehenen Zeit. Das war für das Philippche, den zwölfjährigen Buben der Frau, ein willkommener Anlaß, die Mutter immer wieder zu foppen, indem es leise vor die Türe ging, anklopfte und so tat, als ob der Herr Pfarrer doch noch gekommen sei. Nachdem es zum wievielten Male geklopft hatte, riß der Frau die Geduld und sie schrie: „Jetzt komm' mer nor rein du Schinnoos, jetz kriehst de der Arsch gehaache wie noch nie . . . !" Die Tür ging auf und hereinspaziert kam mit Würde: Der Herr Pfarrer Kännche!

Zu Pfarrer KNIPS von Eckenheim kam einst einmal ein Brautpaar aus Preungesheim, um die Hochzeit für den nächsten Sonntag anzusagen. „Na, habt ihr euch denn auch gut vorbereitet?", wollte der Pfarrer wissen. „Ach, ich glaab schon, Herr Parrer", versicherte das Bräutchen mit freundlichem Lachen, „der Vatter hat e Säuche geschlacht, zehn Hinkel haw' ich de Hals erumgedreht, verzig Kuche wern gebacke unn e Fäßche Woin is aach schon da, ich maan' dess misst reiche . . . !"

In der alten Peterskirche, die unweit der heutigen Schäfergasse stand, trat ein nahezu tauber Mann die Blasebälge der Orgel. Eines schönen Sonntags kam ein neuer Organist, der die Königin der Instrumente mit vollen Registern spielte. Aber mitten im Lied brach der Orgelton plötzlich ab. Nichts war mehr zu hören. Erbost holte sich der Organist den Bälgetreter heran: „Warum haben Sie denn aufgehört mitten im Choral, was fällt Ihnen denn ein?" „Ei, was hawwe Sie dann gespielt?" fragte harmlos der Alte. „So nimm denn meine Hände ... ", antwortet darauf der Organist. „Kaa Wunner, daß dess net geklappt hat", meinte nun der grauhaarige Kalkant überzeugt, „ich hab' ja aach ‚Ach bleib' mit deiner Gnade' getrete ... !"

Der Konsistorialrat JOHANN HERMANN LUDOLF SCHRADER, um 1855 Pfarrer der deutschen reformierten Gemeinde, war wegen seiner schönen Predigten weit und breit bekannt. Einmal hatte er in einem Vorort einem Gemeindemitglied die Trauerrede zu halten, und er tat das in einer so die Herzen rührenden Weise, daß allen Zuhörern Tränen über die Wangen liefen. Nur ein einziger Mann stand steif und ungerührt. Als ihn sein Nebenmann fragte, warum er denn nicht auch weine, entgegnete er: „Ei, ich gehör net zu der Gemeinde!"

In Oberrad bei Frankfurt amtierte in der ersten Hälfte des 19. Jahrhunderts der Pfarrer JOHANNES MÄRKER, ein aufrechter, sehr volkstümlicher Mann, der für die großen und kleinen Alltagssorgen seiner Pfarrkinder hilfreiches Verständnis hatte. Einmal hatte er in einer Gärtnerfamilie ein Kind zu taufen. In der Wohnstube war alles hübsch hergerichtet, auf einem Tisch, der reich mit Blumen geschmückt war, stand das Taufbecken, und die God, wie die Patin in Frankfurt heißt, hielt den musterhaft artigen Täufling im Arm. Nur die junge Mutter war offensichtlich nervös. Immer und immer wieder schielte sie in die Küche nebenan, wo auf dem Herd ein Kessel mit Kaffeewasser stand. Pfarrer Märker begann seine Taufrede, merkte aber bald, daß die Hausfrau nicht bei der Sache war und hatte ebenso rasch heraus, was ihr Sorge machte. Ruhig und salbungsvoll sprach er weiter, aber auf einmal unterbrach er sich und rief: „Mudder, ewe duts Wasser koche!“ Die Hausfrau verschwand in der Küche, und der Pastor führte seine Predigt ohne Störung zu Ende.

Bei einem biederen Oberräder hatte es Familienzuwachs gegeben. Nach einigen Wochen trifft den glücklichen Vater, der ohnehin schon sieben Kinder sein eigen nannte, der bekannte Pfarrer Märker. „No, habt er euer Jingstes schon daafe lasse?“ fragt der Pfarrer, „ich wart' immer daß er kommt!“ „Des is schon gedaaft, Herr Parrer“, versicherte der Oberräder, „in Iseborg, da kost's nur en halwe Gulde un hie bei uns misse mer en ganze bezahle!“ „'S werd aach dernach gedaaft sein“, meinte da der Herr Pfarrer Märker und ging leicht beleidigt seines Weges.

Auch in einem Dorf in der Nähe von Bad Homburg ging ein junges Paar zum Pfarrer, der es, wie es damals noch hieß, kopulieren sollte. Der Pfarrer empfing die Leutchen freundlich, setzte auch gleich den Trauungstermin fest, bestellte das Paar zum Brautunterricht und fragte dann die jungen Hochzeiter, ob auch geläutet werden solle. „Gewiß“, sagte der Bräutigam, „so feierlich wie möglich!“ „Mit der großen oder mit der kleinen Glocke?“ will der Pfarrer wissen, wobei er bemerkt, daß die große Glocke im allgemeinen nur dann geläutet wird, wenn die Braut als Jungfrau in den Ehestand geht. „Awwer, Herr Pfarrer, was denke Se dann? Selbstverständlich mit der große Glock“, entrüstet sich das Bräutchen und so wird es denn auch beschlossen. Beim Hinausgehen dreht sich der Bräutigam noch einmal um und flüstert leise, daß es die Braut nicht hören sollte: „Herr Parrer, alsemal könne Se ja mit der klaa Glock e bissi dezwischebimble . . .!“

Es war droben in Bornheim. Ein biederer Gärtner war während der Predigt sanft eingenickt. Als ihm dann der Küster den samtenen Klingelbeutel unter die Nase hielt, schreckte er auf und sagte: „Naa Schorsch, des is net mei Kapp!“

Der verstorbene Frankfurter Probst TROMMERSHAUSEN segnete einmal bei einer Trauung ein junges Paar ein und sprach in seiner Rede in seiner ruhigen, würdigen Art von den Rechten und Pflichten des Ehestandes. Als sich nach der Feier die frischgebackenen Eheleute von Trommershausen verabschiedeten, reichte ihm der Ehemann die Hand und sagte: „Herr Parrer, ich dank' Ihne aach scheen for die trostreiche Worte . . .!“

... awwer die Leiter is ze korz!

Als im Jahre 1753 auf Befehl Friedrichs des Großen VOLTAIRE im „Goldenen Löwen" zu Frankfurt verhaftet wurde, fielen dem französischen Schriftsteller die vielen neugierigen Besucher zur Last. Über den Frankfurter Buchhändler van Duren hat sich Voltaire so geärgert, daß er auf ihn losstürzte, ihm eine Ohrfeige gab und dann schnell entfloh. Ein Freund tröstete den Buchhändler: „Die Ohrfeige war wenigstens von einem berühmten Manne."

Am 80. Geburtstag GOETHES feierten auch die Frankfurter tüchtig. Freilich grollten die ehrsamen Stadtväter insgeheim doch dem Dichter, der aus steuertechnischen Gründen 1808 sein Bürgerrecht in Frankfurt aufgegeben hatte. Auf einem feierlichen Festessen brachte ein Vertreter der Bürgerschaft einen Trinkspruch aus:

„Uns bleibt der Frankfurter GOETHE teuer,
Zahlt er auch keine Einkommensteuer!"

Bei einem Spaziergang mit KARL AUGUST VON WEIMAR im September 1779 führte GOETHE ihn durch Sachsenhausen. Unterwegs trafen sie zwei sich heftig streitende Sachsenhäuser, und sie hörten im Vorbeigehen, wie der eine dem anderen eine ebenso beliebte wie volkstümliche Einladung zurief. Lächelnd wandte sich der Herzog zu seinem Freunde: „Es muß doch sehr erfreulich für einen Dichter sein, wenn er sieht und hört, wie seine Werke ins Volk gedrungen sind. Wenn ich nicht irre, wurde da soeben eine Stelle aus Ihrem „Götz von Berlichingen" zitiert!

Clemens Brentano traf in seiner Vaterstadt Frankfurt bei einem Mittagessen mit einem wegen seiner Geschwätzigkeit bekannten Herrn zusammen. Gelegentlich erwähnte dieser, er sei aus Mannheim. Da meinte Brentano: „Wie? Aus Mannheim? Ich dachte, Sie seien aus Schwetzingen!“

Wilhelm Jordan (1819 bis 1904), der Dichter der „Nibelungen“, war im Jahre 1848 als Mitglied des deutschen Parlaments nach Frankfurt gekommen, und es hatte ihm hier so gut gefallen, daß er, als die Parlaments-Herrlichkeit zu Ende war, beschloß, in der schönen Mainstadt wohnen zu bleiben. Hier wurde er bald stadtbekannt. Eines Tages nun wurde die Straße, in der er wohnte, neu gepflastert, und der Dichter ärgerte sich über das ständige Hämmern und Dröhnen, das ihm jede geistige Sammlung unmöglich machte. Schließlich riß er das Fenster auf und rief dem Pflasterer, dem der Lärm seines Handwerks ganz besonders Spaß zu machen schien, ergrimmt zu: „Warum reißt ihr denn hier das Pflaster auf, das war doch noch ganz gut?“ Der Pflasterer erwiderte trocken: „Ei, Herr Doktor, ich will Ihne emol ebbes sage: Sie hawwe doch aach die „Niwelunge“ neu gedicht, unn die ahle war'n doch noch ganz gut.“

Als einst eine junge Dame Wilhelm Jordan wegen eines Autogramms bestürmte und ihm inständig bittend ihr Album mit den Handschriften berühmter Männer überreichte, ließ er sich ausnahmsweise erweichen. Der Stegreif-Eintrag ins Album lautete aber folgendermaßen:

„Ich soll für Dich die müde Feder schwenken?
Es gibt von mir weit bess're Angedenken,
Und diese kannst Du Dir ja selber stiften:
Statt meiner Schrift erwirb Dir meine Schriften!“

WILHEM JORDAN und HEINRICH HOFFMANN, der Arzt und Verfasser des „Struwwelpeters“, verkehrten viel im Bürgerverein der guten alten Stadt und paßten zusammen wie Wasser und Feuer: der gemütvolle Frankfurter und der knorrige ostpreußische Recke der „Nibelunge“, der „Sebalds“, der „Zwei Wiegen“ und der „Sonette“. Am Ende eines hitzigen Wortstreits rief Jordan einmal dem Arzt zu: „Sie können sich von mir aus mit dem Stiefel im Hintern berührt betrachten!“ — Aber Hoffmann erwiderte auf die Grobheit bescheiden: „Mit der Zunge wär mir's lieber gewesen, Herr Geheimrat!“

Der Dichter FRIEDRICH STOLTZE (1816 bis 1891) wurde einmal von einem Manne, den er nur oberflächlich kannte und mit dem er auch keinen Umgang zu haben wünschte, zum Essen eingeladen. „Nein“, sagte der Dichter, „ich kann leider net komme.“ „Awwer warum dann net, Herr Stoltze?“ „Es gibt Dag, an dene ich ununnerbroche arweite duh, unn der Freidag is einer dervon.“ — „Gut, dann komme Se ewe an em annern Dag.“ „Des geht werklich net, liewer Herr, denn da faulenz ich so grindlich, daß mer kei Minut frei Zeit bleiwe dut.“

Schon als Schuljunge offenbarte sich FRIEDRICH STOLTZES Humor und Schlagfertigkeit. Als ihn sein Lehrer aufforderte, zur Verbesserung seiner Handschrift eine ganze Seite seines Heftes nur mit dem Wort „Gras“ wie gestochen zu schreiben, fand er diese Aufgabe höchst langweilig und erweiterte das Wort durch Zusätze wie „Gras-Halm“, „Gras-Affe“ usw. Als hierauf sein Lehrer das Heft besah, donnerte er ihn an: „Sobald das ‚Gras‘ hier trocken ist, schreibst du nochmals eine Seite ‚Gras‘. Merk dir's, Schlingel!“ Stoltze merkte es sich und beschrieb eine ganze Seite mit — „Heu“!

Zu FRIEDRICH STOLTZE kam einmal ein junger Schriftsteller mit der Bitte, eine seiner Erzählungen vorlesen zu dürfen. Stoltze war gern dazu bereit und hörte sich das Werk aufmerksam an. „Naa“, sagte er, als der Schriftsteller geendet hatte, „des is noch nix. Sie wern dem Stoff net gerecht.“ „Ja“, meinte der junge Mann etwas bekümmert, „der Stoff is eben sehr anspruchsvoll und für mich doch vielleicht noch etwas zu schwierig.“ „Beileib' net“, erwiderte ihm da Stoltze, und legte ihm freundschaftlich die Hand auf die Schulter, „die Stern sin net ze hoch, awwer die Leiter is ze korz.“

FRIEDRICH STOLTZE schildert seinen Besuch bei dem Dichter GRABBE in der Bockenheimer Gasse. Niemand öffnet ihm, niemand ist in der Stube zu sehen. Da kommt plötzlich aus dem Kleiderschrank Grabbes Kopf heraus. „Wie komme Se dann nor hier in de Klaaderschrank?“

fragte Stoltze. Und Grabbe soll, nach dem Zeugnis Stoltzes, poetisch-prosaisch geantwortet haben: „Ihr Frankfurt, des is zwar recht schee im große ganze, gesegnet sei die Stadt, doch Gott verfluch die Wanze!“

Wilhelm Busch, der für Friedrich Stoltzes geplante „Deutsche Latern“ einige Zeichnungen lieferte, wohnte im Jahre 1869 in der Kutscherwohnung eines vornehmen Hauses in der Bockenheimer Landstraße. Seine Haushälterin Marie war sehr fromm. Einst packte sie ihm bei einem Umzuge das Neue Testament zwischen seine Sachen. Wilhelm Busch meinte: „Sie dachte wohl, es könnte dem alten Jungen nicht schaden.“

Es war bei der Uraufführung von Adolf Stoltze's Frankfurter Drama „Vincenz Fettmilch“. Der greise Dichter stand in der Pause im Foyer des Schauspielhauses umringt von einer Schar junger Mädchen. Ein Bekannter trat auf den Dichter zu und sagte: „Na, Herr Stoltze, Sie halten's offenbar auch mit der Jugend!“ Worauf Adolf Stoltze lachend erklärte: „Ich will Ihne emal ebbes sage, Sie esse jedenfalls aach en Appel frisch vom Baam liewer als en ahle, verschrumpelte aus der Äppelkammer!“

Der Dichter Rudolf Binding (1867 bis 1938) erzählte einmal: Als meine Erzählung „Keuschheitslegende“ gerade erschienen war — es war bald nach dem Krieg und die Gedanken der Menschen waren etwas haltlos und umstürzlerisch erregt —, kam eine junge Dame aus Frankfurt in den damals größten Buchladen der Stadt und sagte sehr leicht und voller Hoffnung: „Ich möchte gern das neue Buch von Binding haben, es heißt, glaube ich, ‚Keuschheit ist eine Legende'.“

Wenn mer's net um die drei Trumpel wär'

Das Bankhaus Rothschild hatte einen Buchhalter, der es mit dem pünktlichen Kommen nicht sehr genau nahm. Der alte Majer Amschel Rothschild, der ein sehr pünktlicher und gewissenhafter Mann war, ärgerte sich sehr über diese Nachlässigkeit, und eines Morgens, als es schon halb neun vorbei war, sagte er zu dem gemächlich hereinspazierenden Buchhalter: „Guck emal da, der Herr Lehmann! Komme Se endlich? Es is schon halb neun . . . !" Doch Lehmann erwiderte prompt: „Wisse Se was, Herr Baron, wenn mer's net um die drei Trumpel wär', die ich bei Ihne verdien', käm ich iwwerhaupt net . . . !"

Majer Amschel Rothschild wurde auf der Fahrgasse von einem Bettler angehalten: „Herr Baron, schenke Se doch em arme notleidende Bruder a Klaanigkeit!" Rothschild griff in die Tasche und reichte dem Bettler ein

Kreuzerstück. „E bissi wenig for so en reiche Bruder", sagte der Bettler. Doch Rothschild, der nie auf den Mund gefallen war, entgegnete schlagfertig: „Recht hast de, awwer du waaßt's vielleicht noch net, ich leg' uff dei Verwandtschaft kaan besonnere Wert . . . !"

Ein anderes Mal promenierte ROTHSCHILD durch die Neue Kräme und sah dort im Laden, einer Antiquitätenhändlerin eine wertvolle Uhr, die er gern gekauft hätte. Er wurde auch bald handelseinig, nur hatte er nicht genügend Geld bei sich, um die Uhr zu bezahlen. Rothschild machte also der Händlerin den Vorschlag, ihm die Uhr mitzugeben, er werde dann das restliche Geld schicken lassen. Darauf ging die Händlerin aber nicht ein. „En Rothschild pumpt net, und wenn er's dut, is er kaan richtiger Rothschild . . . !"

Als der Frankfurter Bankier MAYER geadelt worden war, vertrat seine Frau, eine geborene FLERSHEIMER, die Ansicht, daß er sich als Baron die derbe „Frankforter Sprach" abgewöhnen und wenn nicht französisch, so doch mindestens hochdeutsch sprechen müsse. Nun fiel MAYER das Hochdeutsche außerordentlich schwer, aber er versuchte wenigstens den Wünschen der Gattin zu willfahren. Eines Abends war er beim Wein. In schon recht seliger Stimmung befahl er dem Kutscher: „Schaan, fahr' mich nach Hause . . . !" — „'s is recht, Herr Baron", nickte der wackere Rosselenker. In gemütlichem Zockeltrab ging es in der lauen Sommernacht über die Bockenheimer Landstraße am Schönhof vorbei nach dem idyllisch in den Niedwiesen gelegenen Frankfurter Vorort Hausen. Hinten in der Kutsche schnarchte der Baron, und Johann, der Kutscher, hatte alle Mühe, seinen Herrn zu wecken. „Herr Baron, steije Se uff, mer sin da!" — „Wo sinn mer?" — „Ei, in Hause, wo Se hingewollt hawwe!" — „Ei, du

Rindvieh, was soll ich dann in der Nacht um zwaa in Hause? Haam wollt ich, nix wie haam ... !“ Und der Baron von Mayer hat von diesem Tage an wieder sich der guten Frankfurter Mundart bedient.

Der Baron Dr. jur. Heinrich Franc von Liechtenstein, Land-Justizamtmann zu Frankfurt, war ein bescheidener Mann. Als er sich eines Tages einen Einspänner, ein Coupé, anschaffen konnte, fragte ihn der Lackierer, was er auf den Schlag malen solle, auf dem meist ein Wappen oder die Anfangsbuchstaben des Namens angebracht wurden. — „No, male se mer e klaa F—che uff die Dür“, sagte der Baron. Als der Lackierer den Wagen ablieferte, sah der Besitzer zu seinem Erstaunen auf beiden Wagentüren ein kleines Äffchen, das der biedere Handwerker statt des Buchstabens F aufgemalt hatte.

Der Frankfurter Bankier OPPENHEIMER wurde einmal von einem Freund gefragt, wie man spekulieren müsse, um Erfolg zu haben? „Wie in eme kalte Bad“, antwortete der Geldmann. „Was heißt denn das?“ wollte der Frager wissen. „No, ganz einfach“, lachte der Bankier, „rasch enei und rasch widder eraus . . . !“

Der Kaufmann HEILMANN hatte einen Schuldenmacher auf die Mehlwaage bringen lassen, wo bekanntlich die Leute brummen mußten, die nicht zahlen konnten oder wollten. Von seinen Freunden darüber befragt, warum er das tue, da er nur unnötige Kosten habe und eine Bezahlung doch nicht zu erwarten sei, betonte er nachdrücklich: „Ich spiel' net, ich reit' net, ich fahr' aach net aus, ich hab' kaa Maitress un raach net, aa Vergnige muß der Mensch schließlich doch hawwe . . . !“

Ein Frankfurter Senator, wohlbemittelter und reputierlicher Mann, wünschte sich nichts sehnlicher als einen Sohn zum Stammhalter. Fünf Töchter hatte er schon, und die Spannung im Hause stieg, als wieder einmal die Wehmutter geholt werden mußte. Aufgeregt durchmaß der werdende Vater mit langen Schritten sein Privatkontor, bis endlich die Hebamme aus dem ersten Stock herunterkam, zaghaft anklopfte und gar nicht sehr freudig verkündete: „Herr Senator, Sie wern sich noch emal bemihe misse, 's is widder e Mädche . . . !“

In der Frankfurter Gesellschaft erfreute sich einst Herzog ERNST VON SACHSEN-KOBURG-GOTHA (1818 bis 1893) besonderer Wertschätzung. Die Frankfurter hatten ihm den Spitznamen „Ernst der Adler“ gegeben, was aber nichts mit dem König der Vögel oder dem edlen Wappentier zu tun hatte. Dieser Herzog stampfte nämlich

Adelsgeschlechter" nur so aus dem Boden. Er adelte, wer es nur immer bezahlen konnte. So hatten sich auch die Söhne eines schwerreichen Frankfurter Bankherrn zu dem Geld ihres Vaters das heißersehnte Wörtchen „von" zu ihrem Namen besorgt. Die vollzogene Tatsache wollte einer der hochbeglückten Söhne dem Herrn Papa morgens im Privatkontor mitteilen, und er begann feierlich: „Seine Hoheit, der Herzog von Sachsen-Koburg-Gotha, haben geruht..." Weiter kam er nicht, denn der alte Herr unterbrach ihn grob: „Mach kei Umständ! Net der Herzog, sondern *Ihr* habt net geruht!"

Der alte Geheimrat von Opel, einer der Mitbegründer der Opel'schen Automobilfabrik in Rüsselsheim, saß eines Tages in einer vornehmen Frankfurter Gesellschaft, in der die Limonade in einer Kanne herumgereicht wurde, die einer der gläsernen Mitternachtsvasen verzweifelt ähnlich sah. Geheimrat von Opel bemerkte das, lachte und sagte zu der Gesellschaft: „Verehrte Herrschafte, zwei Männer können's, ein Mann und eine Fraa können's net leicht und zwaa Fraue können's iwwerhaupt net, was iss dess?“ Die Mienen der Gesellschaft erstarrten zu Eis, worauf der alte Opel verschmitzt lächelte: „Na, wo bleibt die Lösung? Gell, Sie wisse se net: De Mund halte.“

Anläßlich des 75jährigen Jubiläums der Opelwerke hatte Wilhelm von Opel seine Freunde zu einer Weinprobe nach der hessischen Weinbau-Domäne Kloster Eberbach geladen. Man saß in festlicher Runde und ließ sich die herrlichen Gewächse schmecken. Als aber eine 1911er Erbacher Marcobrunner Trockenbeer-Edelauslese kam, ein Wein, den es in dieser herrlichen Reife nur alle hundert Jahre einmal gibt, klopfte der Gastgeber an sein Glas und sagte: „Liewe Froinde, ihr braucht kaa Angst zu hawwe, daß ich e lang Red' redd, awwer dess aane will ich euch sage, wenn mer dess Rheinweinche trinkt, p . . st mer am annern Morjen Mosel!“

Der alte Kommerzienrat Kleyer, der Gründer der Frankfurter Adlerwerke, besuchte mit einem Freund, dem bekannten Frankfurter Sportberichter Friedrich E. Metzler, die Mainzer Regatta. In einer Pause zwischen den Rennen fuhren ein paar Paddelboote stromauf, besetzt mit Männlein und Weiblein. Kleyer, freundlich schmunzelnd in das hübsche Bild auf dem Wasser vertieft, stößt seinen Freund in die Seite: „Guck emal da, Friedrich, wie die da vorbeifahrn, die Mädercher, wie luftig aagezoge, owwe nix un unne net viel! Wenn ich da draa denk, was es bei uns for e Gekrisch gewwe hat, wenn mer nor emal e bissi an die Beselitz' komme sin . . . !“

De Maa wern se uns hoffentlich noch lasse . . .

Im Juli 1866 wurde Frankfurt von den Preußen besetzt, und die alte freie Stadt verlor ihre Selbständigkeit. Zwar konnten sich die Frankfurter lange nicht mit dieser Wendung ihres Schicksals abfinden, aber schon wenige Tage nach dem Einrücken der preußischen Besatzung bemächtigte sich der Volkswitz dieses Ereignisses. Und so sangen dann gar bald die Frankfurter Mütter, wenn die Kinder nicht ruhen wollten, ihnen ein neues Liedlein vor:

Leise, leise Kindlein, leise,
Sonst kommt der böße Preuße,
Sonst kommt der Vogel von Falkenstein,
Jagt euch aus euerm Häuselein,
Der Bismarck kommt dahinter
und frißt die bösen Kinder.

Als man in Frankfurt den Einzug der Preußen erwartete, hamsterten die Hausfrauen alle möglichen Lebensmittel. Auch die Frau des Lederhändlers FUNCK in der Schnurgasse hatte Angst, verhungern zu müssen, und kaufte einem Metzger seine gesamten Vorräte an „Servenatworscht" ab, weil die sich am besten hielt. Die preußische Einquartierung hatte dann wenig Freude an dieser „Vorratswirtschaft", denn sie bekamen tagein, tagaus Servelatwurst zu essen. Wenn dann später ein Frankfurter beim Erzählen kein Ende finden konnte, sagte man: „Der mächt aach so lang wie der Fraa Funck ihr Servenatworscht."

Selbstverständlich mußten die Frankfurter Bürger den Preußen auch alle Waffen abliefern. Als nun eines Tages, oder besser gesagt, spät in der Nacht ein Frankfurter von einer preußischen Patrouille angehalten und gefragt wurde, was er unter dem Rock trage, antwortete er scherzhaft: „Ei, en Dolch!" — „Herzeigen!" herrschte ihn der Feldwebel an. Der Frankfurter gehorchte und übergab dem Feldwebel eine Flasche Wein, die er sich als Schlaftrunk mit nach Hause nehmen wollte. Der Feldwebel, nicht faul, setzte die Flasche an und trank sie in einem Zuge bis auf den letzten Tropfen aus. Dann übergab er die leere Flasche wieder dem Frankfurter: „Da, die Scheide können Sie mit nach Hause nehmen!" und ließ den Verdutzten stehen.

Als die Preußen 1866 neben der für damalige Verhältnisse ungeheuerlichen Kontribution auch noch mancherlei andere Dinge von der Frankfurter Bürgerschaft verlangten, sagte der Bankier GRUNELIUS: „No, de Maa wern se uns hoffentlich noch lasse . . . !"

Eines schönen Tages ging ein junger, langer, dürrer preußischer Leutnant durch die Fahrgasse. Neben ihm marschierte, lustig pfeifend, ein Schusterjunge, in jeder Hand ein Paar Stiefel tragend, und versuchte, mit dem Langbeinigen gleichen Schritt zu halten. Dem Leutnant wurde das Nebenherlaufen des Jungen lästig, er hätte ihn am liebsten barsch angefahren, aber die Instruktion lautete, das Militär solle gegen die Bevölkerung stets höflich und zuvorkommend sein. Er redete den Buben also freundlich an und sagte scherzend: „Junge, ick jebe dir 'ne Orange, wenn du mir 'n Kuß jibst, ohne dich zu strecken." Worauf der Frankfurter Schusterjunge, ohne lang zu überlegen, antwortete: „Ei, unn ich dät Ihne zwaa Oraasche gewwe, wenn Se mich — (es folgt die bekannte Einladung des ehrenwerten Ritters Götz an den kaiserlichen Hauptmann) — ohne sich ze bicke!"

Das preußische Militär war in der Mainstadt wenig beliebt. Einmal trat ein schneidiger Feldwebel zu einem Gassenkehrer heran und fragte ihn, indem er zwei Finger an die Mütze legte: „Mein Bester, ick möchte jerne nach die Eschenheimer Jasse jehn!“ Der Gassenkehrer wirbelte mit seinem Besen Staub auf und entgegnete, ohne aufzusehen: „Als hie gange, was leiht *mir* draa!“

Bald nach der Besetzung der Stadt Frankfurt durch die Preußen besuchte ein hohenzollernscher Prinz die Stadt. Die preußische Polizei hatte abgesperrt, aber es dauerte sehr lange, bis der Prinz eintraf. Ein Frankfurter Bürger, der mit seiner Familie schon mehrere Stunden gewartet hatte, machte seinem gequälten Herzen Luft und sagte: „Gott verdamm mich noch emol, wo nor des Rindvieh bleibt . . . ?“ Das hörte einer der Schutzmänner, ging auf den Mann zu und fragte ihn scharf: „Wen meinen Sie denn?“ „Ei, mein Bruder“, antwortete der Frankfurter ebenso pfiffig wie dreist, „awwer sage Se mer emol, Herr Schutzmann, wen hawwe *Sie* dann gemaant . . . ?“

Ein preußischer Unteroffizier ließ sich oberhalb der Gerbermühle, unweit der hessischen Stadt Offenbach, von einem Färcher übersetzen. „Nu sachen Se mal, Männeken", fragte er, „wo wird denn nu hier der Main preußisch?" „Da brauche Se nor Ihne Ihre Hand ins Wasser ze halte", antwortete der Schiffer mit verschmitztem Augenaufschlag, „dort, wo's aafängt ze stinke, sinn mer im Preußische . . . "

Es war zu einer Zeit, da noch die Bundestruppen in Frankfurt lagen. Die Herren Offiziere pflegten gemeinsam im Hotel Landsberg zu speisen. Wenn nun die Fleischplatten aufgetragen wurden, richteten es die Kellner so ein, daß die guten Stücke auf der süddeutschen und österreichischen Seite lagen, weil man in Frankfurt die Österreicher mehr schätzte als die Preußen, außerdem gaben die österreichischen Offiziere die besseren Trinkgelder. Die Preußen hatten das natürlich längst bemerkt. Als nun eines Tages wieder die Fleischplatte kam, pries ein preußischer Major die Fortschrittlichkeit seines Königs und demonstrierte dies an der Fleischplatte, die er ruckweise zu sich herumdrehte. Da fiel ihm ein österreichischer Hauptmann ins Wort: „O bitt' schön, Herr Kamerad, dös mag eh' schon sein, aber unser Kaiser Franzel läßt olles gern beim Olten . . . !" Dabei packte er die Fleischplatte und drehte sie mit einem Ruck wieder herum.

In der freien Stadt Frankfurt mußten die Bürger, wenn es nottat, im Linienbataillon, in der Bürgerwehr oder bei den Bürgerlichen Konstablern ihre Vaterstadt mit der Waffe in der Hand verteidigen. Als Offiziere kommandierten oft Frankfurter Handwerksmeister die Truppen, die nicht wenig stolz auf ihren Rang und ihre Würde waren. So „schliff" an einem heißen Junitag ein Hauptmann seine Kompanie am Grindbrunnen, wo Übungen und Paraden abgehalten wurden. Die Männer schimpften weidlich über die Schinderei. Aber der Hauptmann tat, als hörte er nichts. Bis es einem seiner Soldaten, einem dicken Bäckermeister, zu dumm wurde. Er trat in einer „Gefechtspause“ aus dem Glied, ging auf den Hauptmann zu und sagte drohend: „Hauptmann, dess sag' ich der, wenn de jetzt net gleich uffhörst, uns zu kujoniern, kündig' ich der am 1. Januar dei Hypodek.“ Fünf Minuten später rückte die Kompanie stadtwärts in die Quartiere.

Die Bürgerwehr, die im Volksmund die „Dreckbatscher“ hieß, schoß noch mit Vorderlader. Das Pulver auf der Pfanne entwickelte beim Abschuß jedes Mal starken Rauch. Oft spritzte auch den Soldaten Pulver ins Gesicht. Dr. jur. THEODOR DEMMER war Hauptmann der Bürgerwehr. Eines Tages trat ein braver Bürgerwehrsoldat aus dem Glied und erklärte ihm: „Herr Hauptmann, wann der Kerl newe mir noch aamol schießt, geh ich haam!“

Vor dem Frankfurter Zeughaus stand ein Posten der „Dreckbatscher“. Kommt ein Fremder und fragt: „Kann man hier reingehen?“ — „Mer kann schon, awwer mer derf net“, antwortete der Soldat.

Die Verpflegung der Frankfurter Truppen, soweit sie sich nicht überhaupt selbst verpflegen mußten und dafür Kostgeld bekamen, ließ an manchen Tagen zu wünschen übrig. Wenn Frankfurt auch bei allen offiziellen Anlässen gewohnt war, „vierspännig zu fahren“, so sparte man doch in der Verwaltung, wo immer es ging. So war denn bei den Soldaten manchmal Schmalhans Küchenmeister. Sehr erstaunt waren deshalb eines schönen Tages die Frankfurter Muskoten, als sie an der Küchentür ein großes Schild fanden, auf dem nichts weiter zu lesen war als: „Jesus Sirach 31, Vers 13." Man holte den Korporal und der schlug in der Bibel nach, wobei er folgenden Vers fand: „Glaubet ja nicht, daß ihr hier viel zu fressen bekommt!"

Alljährlich ging die Frankfurter Bürgerschaft zum Ball des Linienmilitärs, auf dem sich auch Masken ein Stelldichein gaben. Eine dieser Masken erschien als Praliné und war über und über mit süßen Bonbons behängt, die die Ballgäste natürlich abrissen und aßen. Aber das Unheil folgte schnell. Die Süßigkeiten waren mit Rizinus und anderen Abführmitteln gefüllt und hatten eine verheerende Wirkung. Jene kleinen Räumlichkeiten, die man damals noch mit OO bezeichnete, wurden nicht leer, — ja der Ansturm wurde von Minute zu Minute mächtiger. In einem jener kleinen Häuschen saß auch der sonst so gestrenge Herr Oberst des Linienbataillons und hatte vergessen, den die Tür wohlbehütenden Riegel vorzuschieben. Die Frau eines bekannten Frankfurter Gastwirts riß in ihrer Not die Tür auf, und im Nu war das Unheil geschehen: gerade auf des Herrn Obersten weiße Ballhose, die die Offiziere laut ausdrücklichem Befehl zur Gala-Uniform zu tragen hatten. Der Herr Oberst mußte nach Hause gehen, um dann später als einziger Offizier des Linienbataillons, mit einer schwarzen Hose angetan, am Ball fernerhin teilzunehmen. Seine zweite Hose war nämlich gerade nicht gewaschen. Die gute Gasthalterin, die das Unglück verschuldet hatte, wurde aber — man verzeihe, es war so und ist heute nicht mehr zu ändern — ihr ganzes Leben den zwar nicht schönen, aber durchaus nicht bös gemeinten Beinamen die „Ballschissern" nicht mehr los.

Die Bürgerlichen Konstabler, also die Artillerie des alten Frankfurt, hielten Scharfschießen auf der Pfingstweide. Einige hessische Offiziere waren dazu eingeladen und eigens mit der Extrapost von Darmstadt gekommen. Ein hessischer Hauptmann steht bei einem der Frankfurter Geschütze, das brummend feuert. Er kann aber das Ziel nicht erkennen. Darum fragt er den Kanonier: „Uff was schieße Se dann eigentlich?" „Nor uff Befehl, nor uff Befehl", antwortete der biedere Frankfurter.

„Heil Hier!" so sagt man in Frankfurt, wenn einer beim Schoppen eingeschlafen ist und dann durch einen Faustschlag auf den Tisch plötzlich aufwacht. Das hat folgenden Grund: Ein Chorist am alten Frankfurter Stadttheater namens Heyl hatte sich beim Frankfurter Linienmilitär anwerben lassen. Die Soldaten wurden sonntags zum Gottesdienst geführt. Heyl saß oben auf dem Lettner und war während der Predigt eingeschlafen. Als aber der Herr Pfarrer auf der Kanzel zur Ehre Gottes mit Donnerstimme die Worte rief: „Heil ihm! Heil ihm! Heil!“ erwachte Heyl, glaubte sich auf dem Kasernenhof und schrie: „Hierrr!“

In einer Frankfurter Familie war eine neue Magd eingetreten. Gleich am ersten Tage fand die Frau des Hauses in der Speisekammer „versteckelt“ einen Soldaten des Linienmilitärs. „Pfui, schäme Se sich, Dorche“, kanzelte die Hausfrau ihre neue Perle ab, „en Mannskerl in der Speisekammer.“ Doch Dorchen sagte seelenruhig: „Was krätsche Se dann mit mir, Madam, der iss doch noch von der vorige Mahd iwwerig gebliwwe . . . !“

Als nach dem Sturm der burschenschaftlichen Studenten in der Karwoche des Jahres 1833 auf die Frankfurter Hauptwache die meisten Attentäter entkommen waren, konnten die Sicherheitsbehörden nachträglich noch einige der Flüchtlinge aufstöbern und verhaften. Am Silvestertage des Jahres 1833 war es wieder gelungen, einen der „Missetäter“ festzunehmen. Er wurde in die Hauptwache eingeliefert und sollte dort bleiben, bis ein anderer Raum als Aufenthaltsort für Untersuchungshaft ausfindig gemacht war. Der wachhabende Offizier, ein Leutnant der Bürgerwehr, übernahm den Gefangenen und ließ ihn auf die Pritsche im Innern des Wachgebäudes bringen. Dann empfahl er sich bei den Soldaten der Stadtwehr, denn er wollte drüben, im Hotel „Zum schwarzen Bock“, später „Zum Pariser Hof“, in dem Friedrich Schiller auch einmal Gast war, einen etwas verlängerten Abendschoppen genießen. Die Mitternachtsstunde war vorbei. Das neue Jahr hatte sich eingestellt, da ging der Leutnant zur Hauptwache zurück. Als er in das Wachlokal eintrat,

wünschte er den Kameraden ein „Prost Neujahr!“ und erkundigte sich sofort nach dem neuen Häftling. Aber da kam er bei dem Feldwebel schön an. „Denke Se aa, Herr Leutnant, mer hawwe uns, weil's doch Neujahr is, Punsch gemacht, hawwe dem jungen Mann aach zu trinke gewwe, gutmiedig, wie mer ewe is. Aafangs war der Borsch ganz manierlich. Wie em awwer dess Zeug e bissi in de Kopp gestiche is, hat er aagefange, uff unser Vadderstadt zu schimpfe. Des war doch e zu stark Stick. Da hawwe mer den hergeloffene Kerl aafach genomme un hawwe 'n erbarmungslos enausgeschmisse.“

Nach der Besetzung der Stadt Frankfurt durch die Preußen prüfte die neue Regierung sorgsam die Steuerverhältnisse der dem Königreiche einverleibten bisherigen Freien Stadt. Über zwei Steuerarten war damals der königliche Zivilkommissarius von Madai im Unklaren. So schrieb er am 22. Juli 1867 an den noch amtierenden Frankfurter Senat: „Es ist die Frage angeregt worden, ob es sich empfehlen würde, die zur Zeit in den älteren Provinzen bestehenden gesetzlichen Bestimmungen über die Besteuerung der Hunde und Nachtigallen in hiesiger Provinz einzuführen."

Zunächst blieb die Frage der Besteuerung dieser beiden Gegenstände noch in der Schwebe. Als jedoch bei den Frankfurtern die Nachricht durchsickerte, daß die Nachtigallen oder deren Besitzer zur Steuer herangezogen werden sollten, da ging ein verschmitztes Lächeln über die Gesichter der ehemals Freien Städter. Denn im altfrankfurter Sprachgebrauch bezeichnete man scherzweise ein gewisses Geschirr, das ein schämiges nächtliches Dasein zu führen pflegt, gern als „Nachtviole" oder „Nachtigall". Und die ob ihrer verlorenen Selbständigkeit verdrossenen Frankfurter hätten den preußischen Gerichtsvollziehern gern die Aufgabe gewünscht, nach *diesen* Frankfurter Nachtigallen schnüffeln und sich als „Dippegucker" betätigen zu müssen.

Als Mitte der 80er Jahre die Kläranlage bei Niederrad in Betrieb genommen wurde, erklärte Stadtbaurat WILLIAM H. LINDLEY dem Magistrat, den Stadtverordneten und geladenen Gästen die Einrichtung und die Behandlung der Abwässer aus der Stadt. Das gereinigte Wasser, das völlig klar erschien, wird in den Main abgelassen, während der Schlamm für landwirtschaftliche Zwecke Verwendung findet. Zum Schluß füllte er ein Glas mit dem gereinigten Wasser, steckte einen Finger in das Glas und führte die Hand zum Munde. Oberbürgermeister Dr. MIQUEL sah entsetzt zu und wurde kreidebleich. Lindley sagte aber in Seelenruhe: „Aber Herr Oberbürgermeister, man muß gut beobachten können: ich habe den Zeigefinger in's Glas und den Mittelfinger in den Mund gesteckt."

Mein Vorname ist übrigens Otto . . .

Auf einem Fest, das Fürstprimas Karl von Dalberg dem Kaiser Napoleon zu Ehren 1809 in Frankfurt gab, knüpfte Kaiserin JOSEPHINE mit Fräulein GONTARD ein Gespräch an. Das junge Mädchen war verlegen und half sich mit dem bewundernden Ausruf, indem sie auf den Perlenschmuck der Kaiserin deutete: „Ah, votre Majesté, que ces perles sont magnifiques!“ („Ach, Ihre Majestät, was sind diese Perlen prächtig!“) Die Kaiserin gab ihr bedeutungsvoll lächelnd zur Antwort: „Oui, ma chère, tout cela est très beau, mais cela ne rend pas heureux.“ („Ja, meine Teure, all dies ist sehr schön, aber es macht nicht glücklich!“)

Am Morgen des 31. Oktober 1813, an einem Sonntag, erschien ein französischer Offizier im Basler Hof in der Buchgasse und verlangte von dem Staatsrat SIMON MORITZ VON BETHMANN die Schlüssel zu seinem Landhaus vor dem Friedberger Tor, da NAPOLEON dort wohnen wolle. Bethmann, der noch im Bett lag, schickte seine Dienerschaft hinaus, um das zur Zeit unbewohnte Haus für die Ankunft des Kaisers herrichten zu lassen. Napoleon erreichte die Stadt von Osten her und wurde auf dem Wege zum Bethmann'schen Hause absichtlich über die Pfingstweide geleitet, wo ein Lazarett für kranke und verwundete Soldaten aufgestellt war, die aus Rußland kamen. Sie wurden hier sehr gut verpflegt, und das gefiel dem Kaiser so, daß er sich zu dem Bekenntnis verstieg: „Ich bin Frankfurts Schuldner!“ Auf dieses Wort hin vermochte Bethmann den Kaiser zu bewegen, den Befehl zur Einstellung des Geschützfeuers der Franzosen an der Alten Brücke zu geben.

Um die Mitte des Monats August 1814 kam Freiherr vom Stein nach Frankfurt und bezog eine Sommerwohnung auf dem Wege nach Bornheim. Dort haben sich, wie Ernst Moritz Arndt erzählt, folgende hübsche Begebenheiten zugetragen: In Steins Garten erschien auch der Kronprinz Ludwig von Bayern, gleich Stein feurig begeistert für ein neues freies Deutschland und daheim ein erklärter Gegner des Ministers seines Vaters, des Grafen Montgelas. Der Prinz nahm im Eifer des Gesprächs zuweilen Arndt am Arm und ging mit ihm durch die Laubengänge. Da tönten des Jünglings Worte, da er sehr taub war, über die Hecken des Gartens hinaus, vielleicht tönten auch die Arndts, da er kein Flüsterer und Leisesprecher war. Das lockte viele Leute an, die am Garten vorbei spazieren gingen. Da rief Stein dem Kronprinzen und Arndt zu: „Kommen Sie, königliche Hoheit, und kühlen Sie den Eifer mit einer Tasse Tee. Sie sprechen so laut, daß die Leute stillstehen und glauben, ich halte hier einen Jakobinerklub.“ Und der Kronprinz lächelte und setzte sich.

Ein andermal besuchte ein Graf von Bassenheim den Freiherrn vom Stein und stellte sich mit feierlicher Hersagung aller seiner Titel, mit dem Oberburggrafen der Reichsfreiheit Friedberg beginnend, vor. Stein nahm geschwind einen Stuhl und setzte ihn vor Bassenheim hin mit den Worten: „Setzen Sie sich, Herr Graf, ich habe für alle die Herren, die Sie mir nennen, nicht Stühle genug.“

Der scharfsinnige Frankfurter Anwalt Dr. Ludwig Daniel Jassoy (1768 bis 1831) war mit Frankfurts Ehrenbürger Reichsfreiherrn vom Stein gut bekannt und stattete ihm einmal einen Besuch ab, als der Minister gerade schlechter Laune war. „Was wollen Sie?“ fragte vom

Stein barsch. Dr. Jassoy verbeugte sich und erwiderte: „Exzellenz, kein Geld und keine Anstellung“, worauf der Minister sofort wieder freundlich war.

Der Herzog von Nassau, im Alter ein kleiner, etwas schiefer, bebrillter Herr, wohnte nach seiner Abdankung im Jahre 1866 in Frankfurt. Er hatte die Gewohnheit, fast täglich in die Markthalle zu gehen und Gemüse, Obst und dergleichen nach seinem Geschmack auszusuchen. So gab er einmal einer Marktfrau die Straße und Hausnummer an, wohin die Sachen zu schicken seien. Die Frau musterte den alten Herrn von oben bis unten, stemmte die Arme in die Seiten und sagte: „Gottverdebbel noch emol, was sehe Sie awwer dem fortgejagde Herzog von Nassau so ähnlich!“

Bei einem sehr förmlichen Diplomaten-Essen hatte Bismarck einst die Gemahlin des Gesandten eines kleinen deutschen Staates als Tischdame. Die reichlich geschwätzige und durchaus nicht zurückhaltende ältere Frau versuchte mit allen Mitteln, den eleganten preußischen Gesandten aus seiner betonten Korrektheit hervorzulocken. Zuerst verlief alles noch in bester Ordnung, und sie redete ihn mit „Exzellenz“ an. Es dauerte aber nicht lange, und die Dame, die auf ihren Tischherrn sehr stolz war, sagte nur noch „Herr von Bismarck“. Schließlich wurde sie vertrauter und nannte ihn „lieber Bismarck“. Das ging dem Grafen denn doch zu weit. Er stand plötzlich auf, verneigte sich tadellos vor der Dame und sagte: „Mein Vorname ist übrigens Otto.“

Das gesellige Leben war sehr lebhaft in dem damaligen Frankfurt. Es gab Feste und Bälle zu wohltätigen Zwekken, zu denen die Diplomaten, der Adel, die beste Gesellschaft zu erscheinen pflegten und jedermann hinzukommen konnte, der den hohen Eintrittspreis bezahlte. Zu einer solchen Veranstaltung ging auch der Schneider, bei dem Bismarck arbeiten ließ. Der Graf begrüßte ihn, schüttelte ihm die Hand und erkundigte sich, wie es ihm gefalle. Der Schneider sagte: „Es gefällt mer ganz gut, Exzellenz, ich sind nur, die Gesellschaft is e bissi gemischt." — „Na, hören Sie", soll Bismarck gesagt haben, „es können doch nicht lauter Schneider hier sein."

Gern erzählte BISMARCK das Abenteuer, das er mit einem biederen Nassauer, dem „dicken Daumer", hatte, der wegen seiner lächerlichen Furcht vor Tod und Sterben bekannt war:

„Mit diesem dicken Daumer war ich eines schönen Herbstmorgens in der Nähe von Frankfurt auf der Jagd gewesen. Als wir uns am Rande des Waldes hoch im Gebirge zur Rast niedersetzten, entdeckte ich zu meinem Schrecken, daß ich kein Frühstück mit hatte. Der dicke Daumer dagegen zog eine mächtige „Wurscht" hervor, die für mich allein gerade ausgereicht hätte, und von der er mir edelmütig die Hälfte abgab. Das Mahl begann; ich sah das Ende meines Wurstteils herannahen. Ich hätte vor Wehmut frankfurterisch reden mögen. Da fragte ich den dicken Daumer von ungefähr: „Ach, sagen Sie mir doch, Herr Daumer, was ist denn das Weiße, da unten, was aus dene Quetschebäum herausschaut!"

„Gott, Exzellenz, da möcht ei'm ja der Abbedid vergehn — des is der Kerchhof."

„Aber, lieber Herr Daumer, da wollen wir uns doch beizeiten ein Plätzchen suchen, da muß sich's wunderbar friedlich ruhen."

„Mache Se kei Bosse, Exzellenz, alleweil leg ich mei Worscht weg."

Der dicke Daumer blieb bei diesem Entschluß, und ich hatte mein ordentliches Frühstück."

OTTO CORNILL, der erste Direktor des Historischen Museums, hatte einst den Herrscher eines nordischen Königreiches, der sich auf der Durchreise in Frankfurt aufhielt, durch sein Museum zu führen. Wider alles Erwarten zeigte der hohe Herr großes Verständnis für die ausgestellten Schätze und wußte selbst viel Interessantes zu beerzählen. Da brach der alte Cornill schließlich in die begeisterten Worte aus: „Majestät, for 'n Keenig wisse Se eigentlich ganz viel!"

Johannes Miquel, Oberbürgermeister von Osnabrück, war im Jahre 1879 zum Oberbürgermeister von Frankfurt gewählt worden und blieb es bis zum Jahre 1890, als ihn Kaiser Wilhelm II. mit den Worten: „Sie sind mein Mann!" zum preußischen Finanzminister ernannte. Kurz nachdem er sein Amt in Frankfurt angetreten hatte, fragte ihn die damalige Kronprinzessin, die spätere Kaiserin Friedrich, was er aus Frankfurt zu machen gedenke. Miquel antwortete — wie sein Nachfolger Adickes einmal erzählte —: „Nichts Neues, Kaiserliche Hoheit, nur das historisch Gewordene sich weiter entwickeln helfen."

Als Kaiser Wilhelm II. zum großen Sängerfeste im Jahre 1909 in Frankfurt weilte, empfingen ihn die Stadtväter auch zu einem Ehrentrunk im Kurfürstenzimmer des Römers. Es wurde „Hochheimer" aus dem Frankfurter Weingut kredenzt, und als der Kaiser sich lobend über den köstlichen Tropfen äußerte, sagte Geheimrat Humser: „Majestät, des is noch garnix, mer hawwe noch en viel bessere . . . !"

Bei den Aufführungen des Sängerfestes in der Festhalle fragte Kaiser Wilhelm II. in einer Pause den Sohn Professor Erich Körner's nach seinem Namen. Der junge Mann antwortete: „Körner, Majestät." Worauf der Kaiser scherzhaft meinte: „Na, dann doch wohl auch ‚Theodor'". „Leider nur Wilhelm, Majestät", war die rasche Antwort.

Siwwe Pund mehr als der Herr Senator . . . !

Ein Frankfurter Handwerksmeister fuhr 1889 zur Weltausstellung nach Paris. Seine zahlreichen Freunde und Bekannten baten ihn mancherlei mitzubringen. Teils gaben sie ihm auch das nötige Geld mit, während er es den anderen vorlegen sollte. Als dann der Meister schwer bepackt aus der französischen Hauptstadt zurückkam, hatte er nur die Aufträge erledigt, für die man ihm Geld mitgegeben hatte. Auf die Frage, warum er nicht allen Freunden und Bekannten etwas mitgebracht habe, sagte er treuherzig: „Wißt er, wie ich nach Paris komme bin, haw' ich erst emol all die Zettelcher mit eure Bestellunge erausgekramt un gleich des Geld druffgelegt, des ich mitkrieht hab'. Wie ich dann grad beim Nachsehn war, is der uff aamal en gewaltiger Windstoß komme und hat mer doch die Zettelcher, uff dene kaa Geld gelege hat, fortgetriwwe. Drum konnt' ich nur dene, die bezahlt hatte, ebbes mitbringe . . ."

Beim Wirt zum „Weidenbusch", der für die Senatoren der freien Stadt Frankfurt ein gastfreies Haus hielt, wo man gut aß und noch besser trank, hatte sich einer dieser hohen Herrn vom Hausknecht wiegen lassen. Am anderen Tag wurde ein Schwein geschlachtet und der Wirt fragte: „Schaan, was wiegt denn die Sau?" „Siwwe Pund mehr als der Herr Senator", lautete die kurze und bündige Antwort.

Ein Gast kommt beim Wirt zu den „Drei Hasen" gerade dazu, wie dieser einen jungen Burschen nach allen Regeln der Kunst verprügelt. „No, Seppel, was mächst de dann mit dem Bub?" fragte verwundert der Gast. Darauf der Wirt: „Ach des is nor mein Neffe, der sich e paar Dag zum Vergniege bei mer uffhält . . . !"

In der Weißadlergasse befand sich die schon Goethe bekannte Wirtschaft „Zum Bobbeschänkelche". Der Ruf des Gasthauses ließ nun einen Wirt in der Nachbarschaft nicht schlafen und er nannte sein Lokal „Zum neuen Boppeschänkelche". Das wurmte nun wiederum den Wirt des älteren Gasthauses, und er klagte mit Erfolg auf Unterlassung. Der beklagte Wirt, nicht faul, änderte den Namen seine Schänke in „Zum Schoppebänkelche", womit er nicht nur die Lacher auf seiner Seite, sondern auch die Genugtuung hatte, daß sein Nachbar gegen diese Bezeichnung nichts machen konnte.

Zwei „Frühstücksmeister" gingen in ihre Stammkneipe, um den inneren Menschen etwas zuzuführen. Der eine hatte seinen Hund dabei. Sie nahmen am Tisch Platz und bestellten einträchtig jeder ein Schnitzel. Lecker duftend wurde es mit einer „Dreckschipp" voll Geröstete auf den Tisch gestellt und die beiden Meister machten sich ans Essen. Dabei stellte sich der eine etwas ungeschickt an, jedenfalls: das schöne Schnitzel sprang in einem kühnen Bogen unter den Tisch. „Ach Gott, Schorsch, dein Hund, mein scheen Schnitzelche . . . !" „Nor kaa Uffregung, Hoiner", brummelte der andere schmatzend in seinen Bart, „dem kann nix geschehn, ich hab' schon de Fuß druff!"

Um den Frankfurter Dom befanden sich früher, wie vielfach an alten Kirchen, zahlreiche Buden und Verkaufsstände, das sogenannte „Pfarreisen". Einen dieser Stände hatte die Frau eines Frankfurter Buchbindermeisters, die Johanna Pabst, im Volksmund ganz allgemein die „Päpstin Johanna" genannt. Sie verkaufte in ihrer Bude hauptsächlich Gesangbücher und den Katechismus. Da aber der Tag lang ist, und es im Winter am „Parreise" mitunter ziemlich kalt war, genehmigte sich die „Päpstin Johanna" immer wieder ein Schnäpschen, was zur Folge hatte, daß sie beinahe jeden Abend mit einem kleinen Schwips nach Hause ging. Sie ließ sich dann von ihrem Kathrinchen, der alten, treuen Magd, abholen und marschierte an deren Arm „bolzenstracks“ heimwärts. An einem schönen Winterabend, an dem ihr der Heimweg dank der vielen „Werfchen“ ziemlich schwer wurde, blieb die „Päpstin Johanna“ aber einen Augenblick mit dem Kathrinchen in der Saalgasse stehen, umarmte es und erklärte ihm leicht branntweinduftend: „Kathrinche, Kathrinche, dess kann ich der sage, mer kann aach ohne Katechismus selig wern!“

Alte Frauen, die einem am Neujahrsmorgen in den Weg laufen, erfreuen sich in Frankfurt keiner besonderen Beliebtheit. Ging da nun am Neujahrsmorgen ein altes Mütterchen in die Kirche und begegnete unterwegs dem Metzgermeister Remmele. Der grüßte zwar und wünschte auch

„Prost Neujahr“, konnte sich dann aber nicht verkneifen, zu sagen: „Lieb’ Fraa Schmidt, an Ihne Ihrer Stell’ hätt ich liewer e jung’ Mädche gesehn ... !“ Doch die gute Mutter Schmidt ließ sich nicht aus der Ruhe bringen, sondern meinte gelassen: „Nix for ungut, Maaster, Ihne zelieb häng’ ich mich am nächste Neujahrsmorgen uff ... “

In dem zu Frankfurt gehörigen Vorort Preungesheim hatte um die Jahrhundertwende, als Preungesheim noch ein ziemliches Dorf war, der Bauer CASPARI das Bürgermeisteramt inne. Caspari war ein tüchtiger Landwirt, hatte aber auch eine schwache Seite, und das waren die Fremdwörter. Da legte ihm einmal eine Kuhmagd, die von auswärts kam, ein mit Dienststempel beglaubigtes Zeugnis vor, bei dem ausdrücklich vermerkt war: „Dient nicht als Legitimation.“ Und nach bestem Wissen schrieb der Bürgermeister darunter: „ ... sondern als Kuhmagd.“

Ein Frankfurter trifft seinen Freund, der mit seiner Frau droben am Lohrberg spazieren geht. „No, wo geht er dann hin?“ fragt der Freund. „Ach, ich lass’ nor mein Drache e bissi steihe.“

In den Frankfurter Bäckereien war es früher üblich, die Ware am Haus in einem kleinen Vorbau auszulegen, was den Verkauf wesentlich erleichterte, denn die Kunden brauchten den Laden nicht zu betreten. Gleichzeitig schufen sich die Bäcker eine einfache Kontrolle für die verkauften Brötchen. Sie legten für einen Gulden von dem frischen knusprigen Gebäck hinaus. Ein Gulden hatte sechzig Kreuzer, und da das Brötchen einen Kreuzer kostete, mußte der Gulden nach dem Verkauf der Ware eingegangen sein. — Nun hatte der Bäckermeister EBERLEIN eine

etwas vorstehende Unterlippe, was einen Spottvogel veranlaßte, den Bäcker „den Mehlworm mit dem Sechzigkreuzermaul" zu nennen. Später hieß es dann allgemein von den Frankfurtern, die eine vorstehende Unterlippe hatten: „Der hat aach e Sechzigkreuzermaul."

Mit heißen Köpfen stritten einmal die Gäste in einer Sachsenhäuser Äpfelweinwirtschaft um die Brotteuerung und über die winzigen Brötchen, die man, nach einem bösartigen Wort der Kunden, durch den Briefkastenschlitz werfen konnte. Ein Bäckermeister, der der lebhaften Debatte eine Weile ruhig zugehört hatte, mischte sich plötzlich vom Nebentisch aus in die Unterhaltung und polterte: „So e Brötche kimmt aam gut un gern uff en Penning, un mer verkaafe se for drei, da hawwe mer doch nor zwaa Perzent gutgemacht, dess wär' mer aach en Verdienst bei dene deure Zeite . . . !" Kein Wunder, daß sich der „Meister Mehlwurm" bis zu seinem seligen Tod die zwei „Sachsenhäuser Prozent" Verdienst vorwerfen lassen mußte.

Die kleinen Brötchen waren in der Bürgerschaft immer wieder ein Stein des Anstoßes. Mit besonderem Schmunzeln quittierte man deshalb in den sechziger Jahren des vorigen Jahrhunderts einen Anschlag in der Altstadt, auf dem zu lesen stand:

Was möget ihr immer die Bäcker so necken?
Fort schreiten sie mit dem Zeitgeist doch,
Nicht braucht ihr morgens die Kinder zu wecken,
Sie werfen die Semmeln durchs Schlüsselloch.

Dem Küfermeister QUIRIN aus der Altegasse war die Frau gestorben, und er weinte, wie der Frankfurter Volksmund zu sagen pflegt: „Rotz und Wasser!“ Der Pfarrer suchte den trauernden Witwer zu trösten, doch der schnuffelte nur: „Ach, Herr Parrer, ich hab' so e waach' Herz' bei jeder klaane Klaanigkeit muß ich heule ... “

Als der Handschuhmacher LINGELBACH an der Liebfrauenkirche sein Häuschen buchstäblich in Bier, Wein, Äpfelwein und Schnaps „angelegt“ hatte, so daß es ihm versteigert wurde, hängte er in der Nacht vor der Auktion ein Schild an seine Tür: „Dies Haus hier steht in Gottes Hand, versoffen ist's und nicht verbrannt!“

Ein Frankfurter „Haanzler“, wie man früher die Fuhrknechte nannte, konnte in einer Wirtschaft die Zeche nicht bezahlen und ließ deshalb anschreiben. Und in den nächsten Wochen trank er sein Bier woanders. Gelegentlich kam er aber mit seinem Karren doch an der Wirtschaft vorbei, und der Wirt, der gerade unter der Tür die warme Frühlingssonne genoß, rief ihm zu: „Du, Konrad, hör' emol, hier stehn schon seit vier Woche siewwe Schoppe Bier ...“ Doch der Fuhrmann ließ sich nicht aus der Ruhe bringen: „Schitt' se aus, Christian, die sin inzwische doch sauer!“

Der Frankfurter Handwerksmeister DRILL verfügte über einen gesunden Humor. Das gleiche durfte man aber auch von dem Bürgermeister HEUSENSTAMM behaupten. Als eines Tages der Magistrat ein Essen gab, sagte Heusenstamm zu Drill: „Maaster, im Drillanzug derfe Se awwer net zum Esse komme“, worauf Drill schlagfertig erwiderte: „Ei, wo denke Se dann hin, Herr Borjermaaster, da däte die Leut' ja glaawe, ich käm aus Heusestamm ...“

Der Schlossermeister GERLACH, ein bekanntes Frankfurter Original, hatte sich eine Reise nach Paris geleistet. Als er wiederkam und nun am Stammtisch über seine Reiseerlebnisse berichtete, fragten ihn die Freunde, ob er denn auch auf dem Eiffelturm gewesen sei? Da schüttelte der Meister den Kopf und erwiderte: „Warum soll ich da enuffsteihe un mich aastrenge, ich kenn' die Gegend ja doch net ...“

Im alten Frankfurt kam in der bekannten RUTTMANNschen Versteigerung der gebrauchte Hausrat meistbietend in andere Hände. Ein alter Sessel wurde ausgeboten. „Gucke Se nor emol her, was en herrlicher Sessel, aus em achtzehnte Jahrhunnert, wie der glänzt von Gold un Silwer, vielleicht is sogar der Napoleon mit seim Hinnern druff erumgerutscht, vier Gulde is er bestimmt wert, unn dann all die annern Erinnerunge ...“, lobte der Versteigerer. Ein kleiner Bub, der mit seinem Vater zu der Auktion gekommen war, gab seinem alten Herrn einen sanften Rippenstoß und schmetterte unter schallender Heiterkeit in den Saal: „Du Vatter, da lääft aa ... !“

Ein anderes Mal gab es bei RUTTMANN im „Braunfels“ eine große Aufregung. Als sich nämlich der Schwarm der Bieter verlaufen hatte, stellte der Auktionator fest, daß sein Mantel fehlte, während dem Listenführer der Schirm abhanden gekommen war. „So e Gemeinheit, aam aach noch zu bestehle, wo sowieso alles so billig war", schimpfte der Versteigerer. Sein Gesicht wurde keineswegs freundlicher, als ihn sein Listenführer später fragte: „Schaan, waaßt de aach wo dein Mantel un mein Scherm hinkomme sin?" „Gestohle sinn se, du Olwel!" „Dreckelche, du hast se mit versteigert, dein Mantel hat vier Gulde zwanzig un mein Scherm dreißig Kreuzer gebracht ..."

Oberforstmeister FLECK hatte einen besonderen Schalk im Nacken, wenn er über sein eigenstes Gebiet, die Jagd, von Laien befragt wurde. Saß er da eines Tages beim Essen im Bürgersaal des Rathauses neben einem jungen Baron, der von ihm wissen wollte, ob es in der Frankfurter Gemarkung auch noch Rebhühner gebe. „Die ganze Bääm sitze voll", antwortete schmunzelnd der Oberforstmeister. „Aber, Herr Oberforstmeister", meinte da der junge Baron, „so ein blutiger Laie in der Jagd bin ich denn doch nicht, daß ich nicht weiß, daß die Rebhühner nicht aufbäumen ..." „Ei, wo solle die Rebhinkel dann hin?" entgegnete der Forstmann mit dem ernstesten Gesicht, „wenn unne alles vollhockt ..."

Von Oberforstmeister Dr. JAKOBI erzählt man sich, an der Sachsenhäuser Warte, wo er wohnte, habe jahrelang ein Schild gehängt, auf dem man lesen konnte: „Kräftiger Mann zum Holzhacken gesucht." Auf die Frage eines Besuchers, ob es denn so schwer sei, einen Holzhacker zu bekommen oder ob denn soviel Holz zu hacken sei, daß das Schild jahrelang an der Wand hänge, meinte Dr. Jakobi: „Verraten Sie mich nicht, das Schild ist nur für die Bettler und Landstreicher. Wenn die es nämlich lesen, machen sie gleich kehrt und wir haben unsere Ruhe ..."

Es war vor 1866, als Frankfurt noch freie Stadt war. Eines Tages im November traf einer der städtischen Förster auf einem Pirschgang längs der hessischen Grenze einen Wilddieb, der gerade dabei war, einem Hasen das Fell über die Ohren zu ziehen. Mit einem Satz war der Wildbretsknapper im rettenden Hessenland, in dem ihm der Frankfurter Förster nichts mehr anhaben konnte. Ja, er tat noch ein übriges, klopfte auf die Verlängerung seines Rückens und lud den Förster im Sinne Götz von Berlichingens gar freundlich ein. Der aber, nicht faul, hob die Flinte und jagte dem Burschen eine derbe Schrotladung mitten in die Sitzfläche. Als der Wilddieb aufschrie, sagte der Frankfurter in aller Ruhe: „Gell, du Stromer, dess hast de net gedacht, daß ich so e lang Zung' hab' . . . !"

Nach einer der großen Weinversteigerungen im Rheingau saß an der Tafel beim Essen der Alt-Frankfurter Weinhändler Wilhelm Manskopf neben dem am Rhein sehr bekannten Weinmakler Trockenbrod. In vorgerückter Stimmung fragte Manskopf seinen Nachbarn: „Sage Se doch emol liewwer Freund, warum heiße Se eichentlich Trockebrod unn net Butterbrod?" Schlagfertig erwiderte der also Gefrozzelte: „Ei, warum heiße Sie denn Manskopf unn net Schafskopf?"

Der Gasthalter zum „Landsberg“, ein vielbesuchtes Frankfurter Hotel zwischen Liebfrauenberg und Schnurgasse, hatte seinen Speisesaal gründlich instandsetzen lassen. Stolz zeigte er das vollendete Werk einem seiner Stammgäste. „No, wie gefällt Ihne denn mein neuer Speisesaal?“ fragte der Wirt erwartungsvoll. „Des kimmt ganz uffs Esse aa“, lautete die etwas zurückhaltende Antwort.

In Niederrad saß eines Samstagnachmittags im Kaffee Frauenhof ein Freundeskreis von Ärzten, Anwälten und Kaufleuten mit Frauen und Kindern beim Kaffee. Nach einiger Zeit erhob sich die Frau eines Arztes und bat ihren Mann um zehn Pfennig. Der Arzt reichte ihr vor versammelter Tafelrunde den Groschen mit den Worten: „Da sieht mer's! So verdrebbele die Weiwer unser sauer verdient Geld.“

Der Herzog von Nassau kommt zu Fuß über die alte Mainbrücke und sieht wie der Schorch (alle „Gemiesgärtner“ in Sachsenhausen heißen Schorch), breit über das Sandsteingeländer gelehnt, auf den Fluß starrt. Als der Herzog fragt, ob es denn da etwas zu sehen gäbe, raunzt der Schorsch, ohne sich umzudrehen: „Ei, so mach' doch Dei' scheele Aage uff, Du ahl Schlappmaul, un halt die Leut' net uff mit Dei'm bleede Gebabbel. Des sieht doch e jedes Rindvieh, dess des Treibeis uff'm Maa losgeht!“ Konsterniert zieht der Herzog ab. Da kommt der Fischer-Heiner und fragt seinen Freund:

„Ei, Schorch, waaste dann, wer ebe mit Der geredd' hat?“

„Was werd's schon für'n Olwel gewese sein?“

„Pst, sag' net Olwel, der Herzog von Nassau war's.“

„So, der Herzog von Nassau. No, da bin ich nor froh, dess ich höflich gewese bin.“

Schnell, 's Nachtgescherr, 's treppelt schon ...

Die Patrizier im alten Frankfurt waren stets sparsam und einfach in ihrer Lebenshaltung. Auch Frau VON HEYDER, die für ihre Wagen und Pferde sogar zweierlei Geschirr hielt, silberplattierte, wenn sie unter Tag und bei schönem Wetter ausfuhr, und einfache schwarze Ledergeschirre für Fahrten zum Theater, zu abendlichen Gesellschaften oder auch am Tag, wenn es regnete. An einem schönen Julinachmittag wollte Frau von Heyder nun zum Oberforsthaus fahren. Jean, der Kutscher, hatte angespannt und war vorgefahren. Da fängt es an zu regnen. Frau von Heyder sieht das, reißt das Fenster auf und ruft: „Jean, Jean — schnell, schnell 's Nachtgescherr, 's treppelt schon ... !"

In den fünfziger und sechziger Jahren des vorigen Jahrhunderts konnte man Tag für Tag den „Baron Götz", wie ihn der Volksmund genannt hatte, auf der Zeil in Frankfurt treffen. Dort stand der Alte in seinem langen, gelben Mantel, der durch eine Kordel oder einen Strick zusammengehalten wurde, weil die Knöpfe längst abgesprungen waren. Götz hatte einmal bessere Tage gesehen, denn sein väterliches Vermögen, das gar nicht klein war, hatte er buchstäblich „verfressen". Es gab keine Leckerei, keine Delikatesse, keinen kostbaren Wein und keinen edlen Schnaps, den er sich nicht zu Gemüte geführt hätte und mit ihm noch andere, die er freigiebig einlud. Verarmt wurde der Baron Götz zu einem großen Schnorrer, der seine Sehnsucht nach Delikatessen immer wieder zu befriedigen suchte. Gott und die Welt pumpte er an. Er nahm Gulden und Kreuzer, wie es gerade kam. Eines Tages hatte Götz Glück. Er traf einen Bekannten, der ihm einen ganzen Gulden schenkte. Das war damals viel Geld, mit dem Götz gut und gern ein paar Tage hätte leben können. Aber weit gefehlt! Schnurstracks lief er in den nächsten besten Delikatessenladen, wo sein Auge wohlgefällig auf einem Stück Salm ruhte, das er sich einpacken ließ. Gleichzeitig kam aber auch der freundliche Spender des Guldens in den Laden und machte dem Baron verständlicherweise Vorwürfe über die nach seiner Meinung leichtsinnige Verwendung des Geldes. Doch Götz gab in aller Ruhe die später zum geflügelten Wort gewordene Antwort: „Wenn ich Geld hab', soll ich kaan Salm esse, wenn ich kaa Geld hab', kann ich kaan esse, ja, wann soll ich dann Salm esse?“

Ein reicher Frankfurter Kaufmann sehnte sich einst nach dem „von“ vor seinem Namen und erkundigte sich bei seinem Freunde, von dem er wußte, daß er gute Beziehungen zum „Hof“ hatte, wie er es anstellen solle, um das Adelsprädikat zu erhalten. „Nix leichter als das“, sagte der Freund. „Du schickst dem Minister en Wage mit em Paar schöne Pferd.“

Das tat der Kaufmann auch. Aber Erfolg hatte er keinen damit. Kein Echo kam vom „Hofe". Als er nach einiger Zeit seinen Freund wieder traf, fragte ihn der, ob er seinen Rat befolgt habe.

„Ja", erwiderte der Kaufmann bedrückt, „e prachtvoll Equipasch mit zwei herrliche Rappe hab ich em hingeschickt, awwer ich hab seitdem nix mehr in der Angelegenheit gehört."

„Was hast de gedan, Unglücksmensch?" rief der Freund entsetzt. „Rappe hast de geschickt? Ja, um Himmelswille, hast de denn net gewußt, daß der Minister Rappe auf de Dod net leide kann? Er is doch auf Appelschimmel wie versesse ... "

Der Kaufmann zog die Lehre aus dem Gespräch, und ein prachtvolles Gespann Apfelschimmel kam in den Stall des Ministers. Ein paar Wochen später gab es in Frankfurt einen „Adligen" mehr.

Die Frankfurter Familie Gontard war besonders zahlreich. Es „wimmelte" überall von Gontards, und man hatte oft seine liebe Last und Not, die verschiedenen Zweige der Familie auseinanderzuhalten. Drum sagte der Frankfurter Volksmund: „Ich glaab' em liewe Gott sei erst' Fraa war aach e Gontard ... !"

Baron Erlanger war, wie man so zu sagen pflegt, ein geschniegelter und gebügelter Herr, der auf seine Kleider besonderen Wert legte. Nur einen fürchterlich alten, verschwitzten und längst aus der Form geratenen Hut trug er. Man wunderte sich darüber, und eines Tages fragten ihn denn seine Freunde, warum er sich nicht endlich einen neuen Hut kaufe? Da lächelte der Baron, besah sich seine schäbige Kopfbedeckung und sagte: „Ihr habt ganz recht, awwer mei Fraa hat gesagt, solang de der kaan neue kaafst, geh' ich net mit der aus ... Versteht ihr jetzt, warum ich mein ahle Deckel behalt ... ?"

Der sehr vermögende Herr von Guaita war viel auf Reisen und weit in der Welt herumgekommen. Einmal stieg er in einem Schweizer Hotel ab, wo er sich mit dem Geschäftsführer unterhielt, der ebenfalls ein weitgereister Mann war und sechs Sprachen sprach. Dieser meinte nun, Herr von Guaita müsse auch gewaltige Sprachkenntnisse haben, aber der Gast erwiderte: „Ich spreche etwas englisch und zwei Worte französisch. Wenn man Geld in der Tasche hat, dann genügt das, um in der ganzen Welt durchzukommen."

„Freilich", meinte der Hotelleiter, „Englisch ist ja eine Weltsprache, mit der man sich wohl allenthalben verständlich machen kann. Aber mit nur zwei Worten französisch? Welches sind denn diese Worte?"

„Wenn ich mit Deutsch gar nicht durchkomme und mein Englisch auch versagt, dann nehme ich einen Geldschein in die Hand und sage zu dem Kellner: „manger" (essen). Und dann halte ich die andere Hand hin und sage „changer" (zahlen). Damit hat's noch immer gereicht".

In den achtziger Jahren des vorigen Jahrhunderts gab es in Frankfurt noch manches Original. Zwei davon waren der „Lord Howwelspan", ein guldenschwerer Schreiner, und der „Lord Blummekohl", ein reichgewordener Gärtner.

Vom Lord Blummekohl erzählt Rudolf Presber in seinem reizvollen Buche „Aus der Jugendzeit" folgendes Geschichtchen: Als diesem harmlosen Narren, der durch glücklichen Verkauf seiner ererbten Gärtnereien ein reicher Mann geworden war und seinen Reichtum in Kleidern, Gamaschen und Brillanten anlegte, eines Tages auffiel, daß ein etwas karrikiertes Bild von ihm auf Tellern und Tassen in den Frankfurter Porzellanläden zu kaufen war, begab er sich persönlich, besonders glanzvoll und englisch gekleidet, ins Polizeipräsidium. Dort wurde er beim Polizeipräsidenten Hergenhahn vorstellig und beschwerte sich, daß man unfreundlicherweise seine Zerrbilder auf Tassen und Teller gebrannt habe. Er wünschte diese Verunglimpfung seiner Person polizeilich beseitigt und die Verkäufer bestraft. Der kluge Polizeipräsident wußte den Erregten rasch zu beruhigen. Er sagte ihm nämlich: „Aber, mein lieber Herr Hänsel", dies war der bürgerliche Name des Lord Blummekohl, „ist Ihnen denn wirklich noch nicht aufgefallen, daß alle Menschen von wirklicher Bedeutung sich so etwas gefallen lassen müssen? Sehen Sie, hier liegt gerade der „Kladderadatsch" —

und Bismarck ist doch wohl auch in Ihren Augen ein großer Mann — aber, bitte, überzeugen Sie sich, wie ihn hier das Blatt wieder abgebildet hat! In plumpen Kürassierstiefeln, mit drei gespreizten Haaren auf dem übertrieben kahlen Schädel. Aber meinen Sie etwa, Fürst Bismarck zürnt oder beschwert sich? Ganz im Gegenteil! Der große Kanzler freut sich, ich sage Ihnen, er freut sich . . ." Da nahm der Lord Blummekohl aufstehend, mit einer großartigen Bewegung, seinen grauen Zylinder, verbeugte sich vor dem Polizeipräsidenten mit hohem Anstand und äußerte: „Ich danke Ihnen, Herr Präsident. Ich bin zufrieden. Von dieser Seite hatte ich die Sache noch nicht beleuchtet.“ Und er verließ mit geschmeicheltem Lächeln das Präsidium.

Der Frankfurter Finanz-Baron KÖNIGSWARTER stellte in Gesellschaft Herrn Professor Oppenheim mit den Worten vor: „’s is e Maler, hat’s awwer gottlob net netig.“

Im Jahre 1893 erhielt PHILIPP HOLZMANN von der türkischen Regierung den wirtschaftlich wie auch politisch hochbedeutsamen Auftrag, die Bagdad-Bahn von Konstantinopel durch das zerklüftete Taurus-Gebirge nach Bagdad zu bauen. Als Frau Holzmann von ihrem Mann davon erfuhr, sagte sie: „Ach, jetzt kauf’ ich mir aber das Azaleen-Stöckche, das ich mir heute morgen in der Markthalle verkniffe hab’.“ — Von Frau Holzmann stammt auch das geflügelte Frankfurter Wort: „Das Pech, was mer net hawwe, is unser Glück!“

Da mit runde mir die Sätz' ab . . .

Vor einem norddeutschen Richter stand ein Sachsenhäuser Gärtner und hatte sich wegen Beleidigung zu verantworten. Er hatte das bekannte Zitat aus dem „Götz von Berlichingen“ zu seinem Nachbarn gesagt. „Aber mein Lieber“, so redete ihn der norddeutsche Richter an, „wie konnten Sie sich nur zu einer solch' gemeinen Äußerung hinreißen lassen?“ „Was dess aalangt, Herr Rat“, antwortete der Gärtner, „da mit runde mir die Sätz ab . . .!“

1792 besetzten die Franzosen Frankfurt und auch drüben in Sachsenhausen, dem linksmainischen Stadtteil, lagen viele der Franzmänner im Quartier. Eine Gärtnersfrau hatte das ganze Haus voll und bemühte sich redlich, die Gesellschaft satt zu machen. Als nun wieder einmal mittags gegessen wurde, schmeckte es den Soldaten besonders gut und sie hielten mit ihrer Anerkennung nicht hinter dem Berg. „Ah, c'est bon, c'est bon (das ist gut)“, sagten sie. Die Sachsenhäuserin, der französischen Sprache natürlich nicht mächtig, aber schimpfte dazwischen: „Ihr dumme Öser, des sin doch kaa Säubohne, des is Blummekihl!“

Ein Sachsenhäuser Gärtner hatte gerade seine Frau beerdigt, was ihn aber nicht abhielt, wenige Tage darauf den Berger Markt, im Volksmund die „Sachsehäuser Kerb“ genannt, zu besuchen und dort zu tanzen wie der „Lump' am Stecke“. Ein Nachbar sieht das und sagt vorwurfsvoll: „Awwer Schaan, du danzst ja, wo dei Fraa doch erst gestorwe is . . . Is des dei ganz Trauer?“ Darauf der andere mit frommem Augenaufschlag: „Hoiner, ich kann der sage, du glaabst net, wie schwer mer's aakimmt!“

Einem Sachsenhäuser Heckenwirt war die Frau gestorben. Einige Wochen nach dem Todesfall trifft er auf der Straße einen früheren Gast. „No, wie geht's dann Ihrer Fraa?“ fragte dieser. „Die leiht da owwe . . .!“ sagt der Wirt und deutete in der Richtung des Friedhofs. „Ei, is se gestorwe, da haw' ich ja garnix dervon gelese . . . Es war bestimmt e gut Fraa, mein herzlichst Beileid aach . . .!“ „Ja, ja, e gut Fraa“, sagte der Wirt leicht spöttisch, „se hat nor aan Fehler gehabt, se is fuffzehn Jahr zu spät gestorwe . . .!“ „Wisse Se was, da nemm' ich mein Beileid aach widder zerick“, verabschiedete sich der Gast und ließ den Verdutzten stehen.

Da saßen einmal drüben in Sachsenhausen ein paar Handwerksmeister am Stammtisch, auch der alte Fischer Phillipp und Meister Petzold, der Schuhmacher fehlten nicht. Man erzählte sich von den alten Zeiten, und der Fischerphilipp berichtete von seiner Jugend, wie er als Lehrbub mit dem großen Kahn hinaus auf den Main gefahren sei und einen mächtigen Hecht gefangen habe. „Net geloge, meine Herren, un ich will net gesund von meim Platz uffsteh, wenn der Hecht net gut un gern aan Meter fuffzig lang gewese is. Un sei dreißig verzig Pund hat er gewoge . . .!“ Da erhob sich der Schuhmachermeister

Petzold ganz langsam und bedächtig. „No, wo willste dann hin, Petzold?“ fragten die anderen. „Ei, ich will nor dem Philipp seim Hecht e bissi Platz mache“, lachte Petzold, „sonst bleibt der mer hier mit dem Fisch in der enge Stubb' stecke ...!“

Saß der Fischer SCHAUERMANN mit seinem Schelch am Müllermain und schmauchte gemütlich an seinem Klöbchen, gleichzeitig emsig ein zerrissenes Netz flickend. Kam ein anderer Fischer, langsam und bedächtig, die wackelige Treppe zur Maininsel herunter, klopfte dem Freund auf die Schulter und sagte: „Schan, laß nor dei Peif' net ins

Wasser falle!“ — „Dess dät mer grad uffleihe“, wehrte Schaan entrüstet ab und sah gerade noch das schöne Klöbchen in den Fluten des Müllermains verschwinden.

Wenn die Frankfurter Schiffer ihre Gäste zum Sandhof fuhren, war es üblich, daß der „Irscht“, eine kleine Schaufel zum Ausschöpfen der leck gewordenen Kähne, von Hand zu Hand ging, in den man sein Fahrgeld zahlte. Dann nahm der Schiffer die Kreuzerstücke heraus und steckte sie in die Hosentasche. Nun fuhr eines Tages wieder eine Gesellschaft den Main hinunter, und einer der Fahrgäste zahlte anstelle eines Kreuzers eine „Bawillott“, wie die Bonbons gegen den Husten, abgeleitet von dem französischen „Papillote“, hießen. Erst später merkte er den Irrtum. Um nun die Schiffer, oder wie man sie damals nannte, die „Färcher“ vor Schaden zu bewahren, ging er am nächsten Morgen an das Fahrtor, wo sie in der Sonne saßen, um den Irrtum aufzuklären. Auf die Frage, wem denn der Kreuzer zustehe, meldete sich niemand. Aber ein alter Schiffer stand auf und sagte: „Liewer Mann, dess kann doch unser Kolleg' net sage, denn wer sich en Knolle anstatt Geld uffhänge läßt, der dät bei uns doch nor noch die Bawillott haaße. Den Spott kann awwer werklich kaaner wege em lumpige Kreuzer uff sich nemme, dess wern Se doch eisehn?“

Der Sachsenhäuser Äpfelweinwirt HARTMANN DAUTH, längst deckt ihn der kühle Rasen, war einer der originellsten Kerle, die „Zischebattem“, wie man Sachsenhausen früher nannte, aufzuweisen hatte. Eines Tages erschien bei ihm ein Abgesandter des Frankfurter Magistrats, um mit ihm über den Ankauf eines Stückchens Gartenland zu verhandeln, das an einer entstehenden Straße lag. Hartmann Dauth, der den Unnamen „Feldwebel“ führte, verlangte einen sehr hohen Preis. Natürlich kam eine Einigung nicht zustande. Einige Tage später wurde Dauth deshalb aufs Rathaus zum Stadtrat bestellt, der bei der Starrköpfigkeit dieses Sachsenhäusers höchst persönlich mit ihm zu verhandeln wünschte. Vor allem wies der

Stadtrat darauf hin, daß Dauth für den hinteren Teil des Gartens unmöglich soviel verlangen könne wie für die Vorderfront. Aber der „Feldwebel" ließ sich nicht beirren. „Ganz recht, Herr Stadtrat", erwiderte er mit entsprechendem Nachdruck, „awwer falsch iss es doch, was Se sage! Geh'n Se emol ins Schlachthaus eniwwer unn kaafe Se en Ochs, dann misse Se for de Kopp unn de Arsch, die Knoche unns Flaasch ganz genau desselbe bezahle. Wenn Se awwer beim Metzger sich e Rumstickelche erausschneide lasse, kost' des ewe mehr. Grad so iss es mit meim Gaarte ...!" Gegen die Begründung konnte der Stadtrat wenig einwenden. Hartmann Dauth bekam die geforderte Summe, denn „ehnder hätt' ich uff die ganz Straß' verzicht als nachzegewwe", ließ er dem Magistrat durch einen Bekannten bestellen.

Einst kam eine Dame in HARTMANN DAUTHS „Hecke", bestellte einen Schoppen und wunderte sich sehr, daß er „Zum Wohle" sagte und gar kein bißchen grob war. Dieser Verwunderung gab sie auch dem groben Hartmann gegenüber beredten Ausdruck. Da setzte er die Äpfelweinkappe ein wenig mehr in die Ank und erklärte ganz ruhig: „Ach maane Se vielleicht, ich dät wege jeder ahl' Schartek, die in mei Wertschaft kimmt un a Schöppche roppt, gleich grob wern ..."

Als Staatsanwalt MÜLLER von Norddeutschland nach Frankfurt versetzt wurde und zum erstenmal zum Äpfelwein nach Sachsenhausen ging, trat er an einen Tisch und stellte sich höflich allen der Reihe nach mit den Worten vor: „Müller, erster Staatsanwalt, — Müller, erster Staatsanwalt, — ...". Am Ende des Tisches angelangt, erhob sich dann ein Sachsenhäuser, ahmte die höfliche Verbeugung nach und stellte sich ebenfalls vor: „Bender, letzter Hasenpfad."

In der Großen Rittergasse in Sachsenhausen ärgerte sich die ganze Nachbarschaft darüber, daß alle Abend, wenn die Leute schon im ersten Schlaf lagen, ein junger Sachsenhäuser kam, um seiner Liebsten zu pfeifen, ihr zu rufen und sich so bemerkbar zu machen, daß sie zu einem kleinen nächtlichen Spaziergang erschien. Da die holde Maid aber anscheinend „wollene Strimp" angehabt hat, denn sie hörte sehr oft nicht die lockenden Rufe, dauerte es immer eine geraume Zeit, bis das nächtliche Konzert beendet war. Eines Tages wurde es nun einem Rittergässer zu bunt, er ging deshalb hinaus auf die Straße und schlug den Sachsenhäuser mit einem Prügel windelweich. Natürlich folgte die Gerichtsverhandlung nach und der Richter fragte den Rittergässer: „Wie kamen Sie denn dazu, den jungen Mann mit einem Knüppel zu verprügeln?" worauf der schlagfertige Sachsenhäuser bieder und treu entgegnete: „Ei, Herr Rat, ich hab' grad nix anneres bei der Hand gehabt ...!"

Die Weinhändler-Familie MANSKOPF zeichnete sich durch besondere Körpergröße aus. Auch die Mädercher waren meist „lange Latte“. So ging denn eines Tages eine der „Mansköpfischen“ drüben in Sachsenhausen spazieren und fragte über die Mauer hinweg einen dort arbeitenden Gärtner nach dem Weg zur Goetheruhe. Da sagte dieser: „Da *reite* Se nor gradaus weiter, da komme Se hin . . .!“

In einer Sachsenhäuser Heckenwirtschaft bestellte sich ein Gast eine Flasche „Vilweler“ und hatte beim Öffnen des Mineralwassers das Pech, einen Sachsenhäuser, der mit am Tisch saß, naßzuspritzen. Der ungeschickte Mann entschuldigte sich vielmals, aber der „Getaufte“ ließ sich nicht aus der Ruhe bringen. „Mache Se doch so kaa Geschiß“, sagte er gemütlich, „’s is mer ja nix ins Maul komme.“

In der Paradiesgasse in Sachsenhausen singen die Kinder: „Es geht e Männche die Trepp' enuff un bleibt e bissi hocke." Dann kommt: „Troß, troß, trillche, der Bauer hat e Füllche", und wie die Frankfurter Kinderverschen, die man seit vielen Jahren von der Großmutter auf den Enkel vererbt, alle heißen mögen. Schließlich machen die Kinder einen Kreis und ihre dünnen Stimmchen schmettern: „Storch, Storch guter, bring mer doch en Bruder, Storch, Storch, bester, ich nemm aach noch e Schwester!" Ein Kleiner, der gerade in die Schule gekommen ist, singt besonders eifrig und laut. Da nimmt ihn die größere Schwester am Arm und schimpft entrüstet: „Ei, ich glaab' daß de gepickt bist, so ze kreische, als ob de net wüßt', daß mer schon sechs Bälg derhaam hawwe . . .!"

Zwei Sachsenhäuser „Äppelweinbrüder" befinden sich auf dem Heimweg. Dem einen fällt ein Fünfzigpfennigstück auf das Pflaster, macht aber keine Anstalten es aufzuheben. Der andere fragt: „Warum hebst'n du den Fuffzicher net uff?" — „Ei, du Affeheiner, daß mer for zwaa Mark Äppelwein aus'm Hals leeft?"

Kommt da eine sehr wählerische Dame an den Blumenstand einer Sachsenhäuser Hockin. Nichts ist der gnädigen Frau recht, alles zu teuer, überall hat sie etwas auszusetzen. Da sagt die Hockin zu ihrer Tochter: „Ei, Liesi, geh' mal her, un speuz in die Hand un laß der Madame e Rosegärtche for drei Batze wachse!"

Ich hätt' net geglaabt, daß die Welt so groß wär

Eine Klasse von Frankfurter ABC-Schützen macht zum ersten Mal eine Wanderung auf den Feldberg im Taunus. Dort wird der Aussichtsturm im Sturmlauf genommen. Dann schaut man begeistert hinunter in die Rhein- und Mainebene, bis sich ein kleiner Frankfurter sehr verwundert vernehmen läßt: „Ich hätt' awwer werklich net geglaabt, daß die Welt so groß wär."

Eine Mutter belehrte ihren Sohn: „Fritz, wenn de jetzt in die Schul kimmst, mußt de hochdeutsch redde. Merk der: mer sacht net „mer secht", mer secht „mer sacht".

Es war noch vor dem Jahre 1866. Ein Sachsenhäuser Heckenwirt war mit seinem siebenjährigen Söhnchen bei einem Frankfurter Senator zu einem Essen eingeladen. Der Vater zog seinen besten Anzug an und auch der siebenjährige Bub wurde von der Mutter sauber gewaschen und gekämmt und mit vielen Ermahnungen, ja doch recht brav und ordentlich zu sein, entlassen. Es ging auch alles ganz gut, bis man beim Essen saß, bei dem für ein paar Minuten Ruhe eintrat, die der Frankfurter Volksmund die „gefräßige Stille" nennt. Diese paar Minuten benutzte der kleine Sachsenhäuser, um laut zu verkünden: „Grad wie bei de Säu, wenn se ze fresse hawwe, halte se's Maul . . .!"

Das kleine Karlchen, gerade vier Jahre alt geworden, fragt mit der Wißbegier seines jungen Lebens das Blaue vom Himmel herunter und plagt so seine Großmutter nach Kräften. Die alte Frau steht mit Liebe und Geduld

Rede und Antwort. Neugierig fragt nun Karlchen, was schon viele Kinder vor ihm wissen wollten und noch Tausende nach ihm fragen werden: „Du, Großmutter, wer hat mich dann gebracht?“ „Ei, der Klapperstorch“, antwortete Oma, um den Plagegeist loszuwerden. „Un wo hat mich der Klapperstorch hergeholt, Oma?“ „Aus em Vierwaldstätter See, drauße im Stadtwald, an der Owwerschweinstieg, waaßte da, Karlche, wo mer neulich mit em Opa unn der Mutti hin spaziern gange sinn!“ — Einige Minuten nachdenkliches Schweigen. Dann Karlchen erneut: „Du, Oma, sag' emol, awwer Hand uffs Herz, hat dich der Klapperstorch aach aus em Vierwaldstätter See geholt?“ „Selbstverständlich, wo maanst de dann sonst her?“ „Ui foin, Oma“, strahlt da der kleine Kerl, „da sinn mer ja zesamme geschwomme . . .!“

Ein kleines Frankfurter Mädchen machte vor dem Krieg mit der Mutter Einkäufe in der Stadt. Auf dem Wege dorthin kamen sie auch am Pfandhaus, unweit der Katharinenkirche, vorbei, wo damals starker Andrang herrschte. „Was mache die Leut' da?“ fragte die Kleine neugierig. „Die lösen ihre Pfänder aus“, belehrte die Mutti. Darauf der kleine Frage- und Plagegeist: „Un wann gewwe se die Küss', Mutti?“

Ein Vater zeigte seinem Sohne die Frankfurter Denkmäler. „Das ist der Schiller!“ „Und das ist der Gödé!“ Und wie die beiden auf den Roßmarkt kommen, deutet der Junge auf das Gutenberg-Denkmal mit den Standbildern von Gutenberg, Fust und Schöffer. Da fragt der Bub den Vater: „Wer ist denn das?“ Worauf der Vater selbstsicher antwortet: „Und des — des sind die drei annern!“

Durch den Kornmarkt rennt so ein richtiger Frankfurter „Loiszippel“ und stößt dabei eine Frau beinahe um. „No, du Reuwel, was rennst de dann so, kannst de net langsam dun?“ entrüstet sich die Alte. „Naa“, sagt der Bub, „ich hab’s eilig, meine Mutter will mich verhaage . . .!“ „Deine Mutter will dich verhaage un da rennst de so, ich glaab als, dich hat’s e bissi?“ „Garnet, lieb’ Fraache“, lachte da der Läusert, „wenn ich mich net eil’, is mein Vatter schon derhaam, dann verhäägt der mich, un der schreibt e ganz anner Handschrift . . .!“

Ein kleiner Bub in einem Dorf in der Frankfurter Umgebung spielt im Sand. Da kommt der Pfarrer des Wegs und fragt das Bürschlein: „Na, backste Kuche?“ — „Naa, Herr Pfarrer“, sagt der Kleine, „ich bau e Kerch!“ — „So, e Kerch? Da brauchst de doch aach en Parrer?“ meinte der Geistliche, worauf der Junge schlagfertig entgegnet: „Wenn der Dreck noch langt, mach’ ich aach noch en Parrer . . .!“

Zu dem Delikatessenhändler MILANI kam vor vielen Jahren ein kleines Mädchen in den Laden und verlangte ein Kilo „Quetschelatwersch". „Hast de dann aach e Dippe?" fragte Milani. Die Kleine reichte einen großen irdenen Topf über den Ladentisch. Milani füllte die Marmelade ein, gab dem Kind den Topf und sagte: „Jetzt, mein Lieb', wo hast de dann dein Geld?" „Ei, dess leiht unne im Dippe."

In der Unterprima der ehemaligen Klinger-Oberrealschule war ein Schüler katholisch. Dieser machte sich solches zu Nutzen und blieb an jedem gesetzlichen und ungesetzlichen katholischen Feiertag der Schule fern. Eines Tages fragte der Klassenlehrer den Schüler: „Sage Se mal, wo war'n Se dann gestern?" Darauf antwortete der Schüler: „Ei, Herr Professor, gestern war Peter un Paul, en hohe Feierdag für uns." Worauf der Professor überzeugt meinte: „Mein liewer Freund, wenn Se so weider mache, dann komme Se in de Himmel, awwer net in die Owwerprima."

Das Institut Schmidt in Frankfurt am Main galt als die beste Mädchenschule. Den Physikunterricht erteilte Professor REICHENBACH, der wegen seiner Forschungen über das Leben der Ameisen weithin bekannte Gelehrte. Der Unterricht fand in einem Saal statt, der zu gleicher Zeit auch dem Sing- und Turnunterricht diente, also auch ein Klavier besaß. Die Schülerinnen, die nicht sehr interessiert an Chemie und Physik waren, hatten dumme Streiche im Kopf. Sie öffneten den Deckel des Klaviers unter dem Wachstuchmantel. Es dauerte nicht lange und Professor Reichenbach setzte sich auf das Klavier, worauf ein tiefer Ton die Schülerinnen zu brüllendem Gelächter veranlaßte. Das erste Mal schloß Professor Reichenbach ganz ruhig den Deckel, auch das zweite Mal bewahrte er noch Ruhe, beim dritten Mal riß ihm aber die Geduld und er schmetterte auf gut frankfurterisch den jungen Damen entgegen: „Eins sag ich Euch, ehnder reit ich uff ere Sau rückwäerts nach Seckbach, als Euch noch emal Unnericht zu gewwe."

Literaturstunde in einer der höheren Klassen der früheren Frankfurter Elisabethenschule. Der gute Herr Professor bemüht sich, den „Gänschen" — sprich junge Damen — die Bedeutung der Hermannsschlacht im Teutoburger Wald klar zu machen, besonders aber die männliche Kraft und den deutschen Stolz Hermanns vor Augen zu führen. Das fanden die Schülerinnen lächerlich und sie kicherten immer wieder. Erbost über die ständige Störung des Unterrichts schimpfte schließlich der Professor: „Also das kann ich Ihnen versichern, fünf Gymnasiasten sind mir lieber als eine von Ihnen . . .!" „Mir aach, Herr Professor", sagte eine besonders Kecke von den Mädchen und büßte diesen Zwischenruf mit einem dicken Tadel im Klassenbuch.

In der Obertertia des Wöhler-Realgymnasiums in Frankfurt unterrichtete gegen Ende des vorigen Jahrhunderts in Erdkunde und Gesang der Lehrer August Morin. Einmal lärmte seine Klasse vor Beginn des Unterrichts, und als Morin das Zimmer betrat, flog ihm der nasse Schwamm an den Kopf, der allerdings für einen anderen bestimmt war. Morin wurde sehr zornig, und eine peinliche Untersuchung folgte. Aber die Klasse war solidarisch, der Lehrer bekam nichts heraus. Deshalb sollte die ganze Klasse eine Stunde Arrest absitzen. Die Stunde begann nun, und weil sich jetzt die Schüler sehr zusammennahmen und ihre Sache gut machten, schmolz August Morins Zorn allmählich. Erneute väterliche Ermahnungen, der Schwammwerfer möchte sich melden. Totenstille. Morin seufzte und unterrichtete weiter. Da gab ihm ein Schüler, den er wegen seines aufgeweckten Wesens besonders gern hatte, eine so gute Antwort, daß ihm plötzlich ein Einfall kam: du versuchst es mal mit Belohnungen. Und feierlich erklärte er: „So, mein Junge, weil du so gut geantwortet hast, erlasse ich dir den Arrest. Du darfst nach der Stunde gleich heimgehen."

Das machte aber gar keinen Eindruck auf die Klasse. Der Täter meldete sich nicht. Und als die Stunde zu Ende war und der Lieblingsschüler mit vergnügtem Grinsen sich davon gemacht hatte, stand Morin hilflos vor dreißig verschlossenen Knabengesichtern. Also noch ein letzter Versuch: „Ihr Buwe, ich erlaß euch allmitenanner den ganze Arrest, wenn ihr mir jetzt sagt, wer auf mich geworfe hat." Und wie aus einem Munde kam es: „Ei, Herr Morin, dess war der Mack, den wo Se haamgeschickt hawwe!"

Namens-Verzeichnis

Altheim 17
Bardorff 54
Bernhardt 61
v. Bethmann 91
Binding 74
Bismarck 93
Bock 59
Bockenheimer 58
Bode 11
Boehle 18
Brahms 22
Brentano 71
v. Bülow 23
Burger 15
Busch 74
Byron 44
Caspari 100
Chun 50
Cornill 95
Crome 45
Dauth 116
Dechent 65
Demmer 85
Dessoff 24
Devrient 29
Diegelmann 40
Donner 56
Drill 103
Eberlein 101
Ehrmann 47
Erlanger 109
Fabricius 47
Fleck 104
Flersheim 76
Flesch 59
Franc v. Liechtenstein 77
Fricke 37
Frießhardt 36
Funck 81
Geck 38
George 38
Gerlach 103
Goethe 29, 70
Gontard 109
Göntgen 66
Grabbe 73
Grandhomme 53
Grunelius 82
v. Guaita 110
Gudden 20
Gwinner 45
Haase 32
Häberlein 48
Hassel 29
Hasselhorst 11
Heilmann 78
Hessemer 11
Heusenstamm 103
Heyder 53
v. Heyder 107
Heyl 87
Hoffmann 54
Holzmann 112
Humser 48
Impekoven 28, 38
Jakobi 104
Jassoy 92
Jensen 27

Jordan 71
Kirchner 49
Klinkhammer 40
Kleyer 80
Knips 66
Königswarter 112
Körner 96
Kogel 24
Lingelbach 102
Luthmer 14
Manskopf 105, 119
Marcuse 38
Märker 67
Mathern 38
v. Mayer 76
Milani 124
Miquel 90, 69
Mommsen 46
Morgenstern 15
Morin 126
Mozart 22
Müller 118
Mylius 41
Napoleon 91
v. Nassau 93, 106
Odemar 40
v. Opel 79
Oppenheimer 78
v. Oven 56
Pabst 98
Paganini 21
Philipp 114
Quirin 102
Rehn 60
Reichenbach 46, 125
Remmele 99
Roll 34
Rossini 43
Rothschild 75
Rückert 49
v. Rustige 11
Ruttmann 103
v. Sachsen 78
Schauermann 115
vom Scheidt 25
Schoenflies 50
Schopenhauer 41
Schott 57
Schrader 67
Schrägle 20
Schumann 22
v. Schwind 54
Senckenberg 56
Sioli 58
Soltans 59
Spener 61
vom Stein 92
Stoltze 72, 74
Strauß 26
Strohecker 31
Thoma 13
Trockenbrod 105
Trommershausen 69
Trübner 16
Varrentrapp 48
Vischer 46
Vogler 22
Voltaire 70
Wagner 23
Wegener 51
Wilhelm 49
Zeiß 38